Garotas mortas

Selva Almada

Garotas mortas

tradução
Sérgio Molina

todavia

À memória de Andrea, María Luisa e Sarita

essa mulher, por que grita?
vá lá saber
olha que flores bonitas
por que ela grita?
jacintos   margaridas
por quê?
por que o quê?
por que grita essa mulher?

Susana Thénon

I

A manhã de 16 de novembro de 1986 estava clara, sem uma única nuvem, em Villa Elisa, a cidadezinha onde eu nasci e me criei, no centro-leste da província de Entre Ríos.

Era domingo, e meu pai estava preparando o churrasco nos fundos da casa. Ainda não tínhamos churrasqueira, mas ele se virava bem com uma chapa no chão, em que punha as brasas e, por cima delas, a grelha. Nem quando chovia meu pai cancelava o churrasco – bastava outra chapa para cobrir a carne e as brasas.

Perto da grelha, encaixado numa forquilha da amoreira, um rádio de pilha com o dial sempre cravado na LT26 Radio Nuevo Mundo. Transmitiam música folclórica e, de hora em hora, um boletim de notícias, bem poucas. Ainda não tinha começado a temporada de incêndios no parque nacional El Palmar, a uns cinquenta quilômetros dali, que todo verão pegava fogo e fazia tocar as sirenes dos postos de bombeiros das redondezas. Tirando um ou outro acidente de estrada, sempre com algum rapaz que voltava de uma festa, não acontecia quase nada nos finais de semana. E de tarde nem futebol havia, pois o campeonato já era disputado à noite, por causa do calor.

Naquela madrugada, eu tinha sido acordada com a ventania que sacudia o telhado da casa. Quando me estiquei na cama, encostei numa coisa que me fez sentar de um pulo, com o coração na boca. O colchão estava molhado e umas coisas viscosas e mornas se mexeram contra minhas pernas. Ainda com a cabeça atordoada, levei alguns segundos para compor a cena: minha gata tinha parido mais uma vez aos pés da minha cama. À luz dos relâmpagos que entrava pela janela, pude vê-la enrodilhada, fixando seus olhos amarelos nos meus. Eu me encolhi toda, abraçando os joelhos, para não voltar a encostar nos filhotes.

Na cama ao lado, minha irmã dormia. Os coriscos azuis iluminavam seu rosto, os olhos entreabertos, ela sempre dormia assim, como as lebres, o peito subindo e descendo, indiferente ao temporal e à chuva que desabava. Olhando para ela, eu também peguei no sono.

Quando acordei, só meu pai estava de pé. Minha mãe e meus irmãos continuavam dormindo. A gata e sua ninhada não estavam na cama. Do nascimento restava apenas uma mancha amarelada de bordas escuras num canto do lençol.

Saí para o quintal e contei ao meu pai que a gata tinha parido, mas que agora não a encontrava, nem ela nem seus filhotes. Ele estava sentado à sombra da amoreira, longe da grelha mas perto o suficiente para olhar o churrasco. No chão estava o copo de inox que ele sempre usava, com vinho e gelo. O copo suava.

Vai ver que ela escondeu a ninhada no telheiro, disse.

Olhei naquela direção, mas não tive coragem de ir lá conferir. Naquele telheiro, uma vez, uma cadela louca tinha enterrado seus filhotes. Um deles, com a cabeça arrancada.

A copa da amoreira era um céu verde peneirando os clarões dourados do sol por entre as folhas. Dali a poucas semanas estaria carregada de frutos, as moscas se amontoariam zumbindo, o lugar se encheria daquele cheiro azedo e adocicado das amoras passadas e por um tempo ninguém teria vontade de se sentar à sua sombra. Mas naquela manhã estava linda. Só era preciso ter cuidado com as taturanas, verdes e brilhantes como guirlandas natalinas que às vezes se soltavam das folhas com o próprio peso e, no ponto onde encostavam, queimavam a pele com suas fagulhas ácidas.

Foi então que o rádio deu a notícia. Eu não estava prestando atenção, mas mesmo assim a ouvi bem claramente. Naquela mesma madrugada, em San José, uma cidadezinha a vinte quilômetros dali, uma adolescente tinha sido assassinada em sua própria cama, enquanto dormia.

Meu pai e eu continuamos em silêncio. Lá plantada, vi como ele se levantava da cadeira e ia ajeitar o fogo com um ferro, espalhando as brasas, partindo as maiores, seu rosto cobrindo-se de gotinhas por causa do calor, a carne que tinha acabado de pôr para assar crepitando suavemente. Um vizinho passou e gritou alguma coisa. Ele virou o rosto, ainda inclinado sobre a grelha, e levantou a mão livre. Tô indo, gritou de volta. E com o mesmo ferro começou a desfazer a cama de brasas, empurrando-as até um canto da chapa, mais perto de onde ardiam os troncos de inhanduvá, e deixou só algumas embaixo da carne, calculando que bastariam para manter o calor até que ele voltasse. Tô indo significava dar uma escapada até o bar da esquina e tomar uns tragos. Calçou os chinelos que andavam perdidos pela grama enquanto vestia a camisa que estava pendurada num galho da amoreira.

Se você perceber que o fogo vai apagar, puxa mais umas brasas, que eu volto logo, disse, e saiu para a rua batendo os chinelos rapidinho, como uma criança correndo atrás do sorveteiro.

Sentei na cadeira dele e peguei o copo que ele tinha deixado ali no chão. O metal estava gelado. Um pedaço de gelo boiava na borra do vinho. Pesquei a pedra com os dedos e comecei a chupar. De início tinha um leve gosto de álcool, mas logo era pura água.

Quando só restava um pedacinho, triturei-o entre os dentes. Apoiei uma das mãos na coxa que sobressaía da barra do short. Levei um susto ao sentir minha própria palma gelada. Como a mão de um morto, pensei. Embora eu nunca tivesse tocado em um.

Eu tinha treze anos e, naquela manhã, a notícia da garota morta me chegou como uma revelação. Minha casa, a casa de qualquer adolescente, não era o lugar mais seguro do mundo. Você podia ser morta dentro da sua própria casa. O horror podia viver sob o mesmo teto.

Nos dias seguintes, conheci mais detalhes. A garota se chamava Andrea Danne, tinha dezenove anos, era loira, bonita, de olhos claros, estava namorando e fazendo um curso de psicologia. Tinha sido assassinada com uma punhalada no coração.

Durante mais de vinte anos, Andrea esteve por perto. Voltava de quando em quando com a notícia de outra mulher morta. Iam se acumulando os nomes que apareciam a conta-gotas nas manchetes dos jornais de circulação nacional: María Soledad Morales, Gladys McDonald, Elena Arreche, Adriana e Cecilia Barreda, Liliana Tallarico, Ana Fuschini, Sandra Reitier, Carolina Aló, Natalia Melman, Fabiana Gandiaga, María Marta García Belsunce, Marela Martínez, Paulina Lebbos, Nora Dalmasso, Rosana Galliano. Cada uma delas me levava a pensar em Andrea e em seu assassinato impune.

Certo verão, passando uns dias no Chaco, no nordeste do país, topei com um pequeno quadro num jornal local. O texto dizia: Vinte e cinco anos do crime de María Luisa Quevedo. Uma garota de quinze anos assassinada em 8 de dezembro de 1983, na cidade de Presidencia Roque Sáenz Peña. María Luisa passara alguns dias desaparecida, até que seu corpo violentado e estrangulado apareceu num terreno baldio nos arredores da cidade. Ninguém foi processado por esse assassinato.

Pouco depois, também tive notícia de Sarita Mundín, uma moça de vinte anos, desaparecida em 12 de março de 1988, cujos restos apareceram em 29 de dezembro desse ano, às margens do rio Ctalamochita, na cidade de Villa Nueva, província de Córdoba. Mais um caso não resolvido.

Três adolescentes do interior assassinadas nos anos 80, três mortes impunes ocorridas quando em nosso país ainda se ignorava o termo feminicídio. Naquela manhã eu também ignorava o nome de María Luisa, que tinha sido assassinada dois anos antes, e o nome de Sarita Mundín, que ainda estava viva, sem suspeitar o que aconteceria com ela dali a dois anos.

Eu não sabia que uma mulher podia ser morta pelo simples fato de ser mulher, mas tinha escutado histórias que, com o tempo, fui ligando umas às outras. Casos que não terminavam com a morte da mulher, mas em que ela era objeto da misoginia, do abuso, do desprezo.

Eu os escutei da boca da minha mãe. Um deles ficou especialmente gravado na minha memória. Aconteceu quando minha mãe era bem novinha. Ela não se lembrava do nome da garota, porque não a conhecia pessoalmente. Mas sabia que morava em La Clarita, uma colônia perto de Villa Elisa. Logo iria se casar, e uma costureira vizinha nossa estava fazendo seu vestido de noiva. Tinha vindo algumas vezes a Villa Elisa para tirar as medidas e fazer algumas provas, sempre acompanhada da mãe, no carro da família. Para a última prova, veio sozinha, porque ninguém podia trazê-la, então ela pegou um ônibus. Não estava acostumada a andar sozinha, errou o endereço e, quando deu por si, já estava no caminho que leva ao cemitério. Um caminho que a certas horas ficava deserto. Quando viu que ia passando um carro, achou que era melhor pedir informação e parar de andar sem rumo, perdida. Dentro do automóvel havia quatro homens, que a sequestraram. Eles a mantiveram por vários dias em cativeiro, nua, amarrada e amordaçada, num lugar que parecia abandonado. Mal lhe davam de comer e beber, apenas o bastante para que continuasse com vida. Os quatro a estupravam quando lhes dava vontade. A moça só esperava morrer. Tudo o que ela podia ver através de uma pequena janela era céu e descampado. Uma noite, ouviu os homens saindo de carro. Armou-se de coragem, conseguiu se desamarrar e fugir pela janelinha. Correu desembestada pelo campo até encontrar uma casa habitada. Ali recebeu socorro. Nunca conseguiu reconhecer o local do cativeiro nem seus sequestradores. Poucos meses depois, casou-se com o noivo.

Outro caso era mais recente, ocorrido dois ou três anos antes.

Três rapazes foram a um baile num sábado. Um deles estava apaixonado por uma garota, filha de uma família tradicional de Villa Elisa. Ela lhe dava bola e fazia charme. Ele a procurava, ela aceitava a aproximação e em seguida escapulia. Esse joguinho de gato e rato se arrastou por vários meses. Na noite do baile, não foi diferente. Os dois dançaram, beberam, jogaram conversa fora, e ela voltou a escapar do rapaz. Ele foi afogar as mágoas no bar, onde dois amigos já estavam enchendo a cara fazia um bom tempo. A ideia foi deles. Por que não a esperavam na saída do baile e lhe mostravam com quantos paus se faz uma canoa? Ao ouvir a proposta, o apaixonado logo ficou sóbrio. Só podiam estar loucos, falando uma merda dessas, ele ia é para casa dormir. Conversa de bêbados.

Mas eles falavam sério. Estava na hora de dar uma lição nessas vadias que sempre tiram o cu da reta. Eles também foram embora antes de o baile terminar. E ficaram esperando por ela num terreno baldio, ao lado da sua casa. Fatalmente a moça ia passar por ali.

Ela saiu do baile com uma amiga. Moravam a uma quadra uma da outra. A amiga entrou em casa, ela seguiu em frente, sossegada, pelo mesmo caminho de todas as noites de baile, num lugar onde nunca acontecia nada. Eles a agarraram no escuro e a espancaram, os dois a penetraram várias vezes, se revezando. E quando até as picas se enfastiaram, continuaram a violentá-la com uma garrafa.

2

Já desde o início da manhã, o sol esquentava as telhas da casa dos Quevedo, no bairro de Monseñor de Carlo, cidade de Presidencia Roque Sáenz Peña, província do Chaco. Os primeiros dias de dezembro já prenunciavam o escaldante verão chaquenho, com temperaturas de quarenta graus, habituais nessa região do país. Na modorra do seu quarto, María Luisa abriu os olhos e se sentou na cama, pronta para se levantar e ir até a casa da família Casucho. Fazia pouco tempo que começara a trabalhar lá, como empregada doméstica.

Na hora de se vestir, escolheu umas peças frescas, mas bonitas. Gostava de andar sempre bem-arrumada pela rua, mas para trabalhar usava roupa de bater, uma camisetinha e uma saia velhas, desbotadas pelo sol e pelos respingos de água sanitária. Do seu guarda-roupa de menina pobre, escolheu uma regata e uma saia de crepe, enfeitada com um cintinho de couro ajustado em volta da cintura. Lavou o rosto, penteou o cabelo, nem longo nem curto, liso e escuro. Agitou o tubo de desodorante e, depois de aplicá-lo nas axilas, borrifou-o pelo resto do corpo. Apareceu na cozinha pairando naquela nuvem perfumada e doce. Tomou os três ou quatro mates que a mãe tinha lhe preparado e saiu de casa.

Acabara de completar quinze anos no dia 19 de outubro, que naquele ano tinha caído no Dia das Mães. Era uma garota miudinha que ainda não acabara de encorpar. Tinha quinze anos, mas parecia ter doze.

A família Casucho morava no centro de Sáenz Peña, e María Luisa percorria a pé as cerca de vinte quadras até lá. Era a manhã de 8 de dezembro, Dia da Imaculada Conceição, um meio-feriado, com parte do comércio funcionando normalmente. Mas, por causa do ponto facultativo, a cidade funcionava em marcha lenta, portanto ela cruzou com pouca gente no caminho.

Estava contente com seu primeiro emprego. Entrava cedo, por volta das sete, e saía às três da tarde, depois de lavar a louça do almoço.

Se naquele dia ela pensou em dar uma esticada ali pelo centro, aproveitando o feriado, não comentou nada com a mãe, Ángela Cabral, que, ao ver que já anoitecia e María Luisa – Chiqui, como a chamavam em família – não voltava do trabalho, começou a se preocupar.

Desde que se separara do marido e pai dos seus seis filhos, Ángela morava com as duas filhas mais novas e com Yogui, um filho solteiro de vinte e sete anos. Ele era o homem da casa, e foi a primeira pessoa que a mãe procurou.

Aproveitando a tarde livre, Yogui estava na piscina pública com uns amigos. Um primo foi chamá-lo e lhe avisou que sua mãe estava chorando porque a Chiqui não tinha voltado para casa depois do trabalho.

O primeiro lugar onde Yogui procurou a irmã foi a casa do pai, Oscar Quevedo, que morava com sua nova mulher, uma boliviana com quem os filhos de Ángela não se davam. Mas María Luisa não tinha passado por lá. A partir daí, a busca foi intensa e, com o passar das horas, cada vez mais desesperada.

Nem as poucas testemunhas, nem o inquérito policial puderam determinar o que aconteceu com a menina nem onde ela esteve entre as três horas da tarde, quando saiu do trabalho, na quinta-feira, 8 de dezembro de 1983, e a manhã do domingo, 11, quando encontraram seu cadáver.

Somente Norma Romero e Elena Taborda, duas amigas recentes de María Luisa, declararam ter se encontrado com ela, quando ia saindo da casa dos Casucho, e caminhado juntas por algumas quadras, até que cada uma seguiu seu rumo.

A polícia mal tinha começado as buscas quando, na manhã do domingo, 11 de dezembro, o telefone do Primeiro Distrito tocou. Do outro lado da linha, alguém avisava que havia um corpo num terreno baldio entre as ruas 51 e 28, na periferia da cidade. Por muito tempo, aqueles terrenos abandonados tinham sido explorados para extrair terra usada na fabricação de tijolos, e agora restava uma extensa escavação de pouca profundidade, que quando chovia se enchia de água, formando uma lagoa que as pessoas do lugar chamavam de represa. Foi nessa represinha de pouca água que abandonaram o corpo da menina. Tinha sido enforcada com o mesmo cinto de couro que pusera na manhã em que saiu de casa para trabalhar.

Nesse domingo, em Buenos Aires, a 1.107 quilômetros dali, naquela hora da manhã ainda ecoavam os festejos populares pela posse de Raúl Alfonsín, o primeiro presidente eleito pelos argentinos após sete anos de ditadura. Os últimos a deixar a festa cabeceavam de sono nos pontos de ônibus, que seguiam ao largo, completamente lotados.

Em Sáenz Peña, todos tinham passado a véspera na frente da televisão, que durante o sábado inteiro transmitira ao vivo, em rede nacional, as cerimônias e celebrações que começaram às oito da manhã. Já de noitinha, também tinham saído para festejar na praça San Martín, a principal da cidade. Quem tinha carro se juntara a uma carreata pelo centro, com bandeirinhas argentinas tremulando nas antenas, buzinaços e meio corpo para fora da janela, agitando os braços e cantando. Embora o governador eleito do Chaco, Florencio Tenev, fosse do opositor partido peronista e o novíssimo presidente fosse do Partido Radical, a volta da democracia era mais importante que a coloração política, e ninguém queria ficar de fora da festa.

Enquanto todos comemoravam, os Quevedo continuavam procurando por María Luisa.

O último dia em que Sarita Mundín foi vista com vida, 12 de março de 1988, também foi bastante normal para a moça. Ela havia passado algumas semanas longe de Villa María, na cidade de Córdoba, acompanhando a mãe no hospital. Quando voltou, Sarita a trouxe para o pequeno apartamento na rua San Martín onde morava com Germán, seu filhinho de quatro anos, e Mirta, sua irmã de catorze, grávida. A mãe acabara de ser operada e precisava de cuidados. Para as irmãs Mundín, seria mais fácil cuidar dela se morassem no mesmo lugar. Ajeitaram-se como puderam, o apartamento era minúsculo.

Quando o amante de Sarita, Dady Olivero, resolveu ajudá-la a pagar o aluguel do apartamento, o local fora pensado para que nele só morassem ela e o filho, e para que Dady pudesse visitá-la com tranquilidade, sem a indiscrição dos hotéis de alta rotatividade, arriscados para um homem casado e empresário conhecido. Olivero e sua família eram donos do Frigorífico El Mangrullo.

Somando os dias da viagem a Córdoba e da estada da mãe no apartamento, fazia algum tempo que Sarita e Dady não se encontravam. Nesse dia, ele avisou que passaria para pegá-la de carro para irem a algum lugar onde pudessem ficar a sós e tranquilos.

Sarita não tinha vontade de sair com ele. A relação com o homem, mais de dez anos mais velho e com família, já vinha esfriando. Parece que em Córdoba ela havia conhecido um rapaz e estava entusiasmada. Ainda assim, naquela tarde, quando Dady chegou para buscá-la, mesmo sem vontade, Sarita pegou uma toalha – iriam ao rio –, uma bolsinha e desceu do primeiro andar pelas escadas, indo ao encontro dele.

Ela não se preparara como costumava fazer antigamente, quando a relação ainda era promissora e acenava com uma possibilidade de mudar de vida. Desceu vestida com uma saia comprida, uma camisetinha e chinelos de dedo. Arrumada ou não, Sarita era uma mulher linda: esbelta, de cabelo castanho cortado num chanelzinho ondulado, pele clara, olhos verdes.

Mirta e Germán a acompanharam até a calçada. O menino, quando viu que a mãe se dirigia para o carro estacionado junto à calçada, quis ir com ela. Mas, de dentro do carro, o motorista lhe disse não com tamanha seriedade que o menino foi se refugiar nas saias da tia, fazendo beicinho. Sarita recuou, deu um beijo nele e prometeu que na volta lhe traria um presente.

Mas ela nunca voltou desse passeio.

Ficou desaparecida durante quase um ano. No final de dezembro, o sitiante Ubaldo Pérez encontrou restos de uma ossada humana presos entre os galhos de uma árvore, às margens do rio Ctalamochita, que divide as cidades de Villa María e Villa Nueva. Estavam nas imediações de um local conhecido como La Herradura, perto de Villa Nueva. Pelo estado dos restos, apenas ossos descarnados, é provável que ela tenha sido assassinada no mesmo dia em que saiu com seu amante, mas nunca foi possível determinar de que maneira.

Quando entrei na faculdade, fui morar com uma amiga em Paraná, capital da província de Entre Ríos, a duzentos quilômetros da minha cidadezinha. Tínhamos pouco dinheiro, morávamos numa pensão e controlávamos muito as despesas. Para economizar, começamos a viajar de carona nos finais de semana, quando queríamos visitar a família. No começo, sempre procurávamos algum colega da faculdade para nos acompanhar. Depois notamos que nos levavam mais rápido quando éramos só garotas. Quando estávamos em duas ou três, sentíamos que não havia perigo. Até que a certa altura, quando ganhamos confiança, cada uma começou a pedir carona sozinha quando não achava uma companheira de viagem. Às vezes, no período de provas, nossas visitas à família não coincidiam. Subíamos em carros, caminhões, caminhonetes. Não entrávamos no veículo quando havia mais de um homem dentro, mas, tirando isso, não tomávamos maiores precauções.

Ao longo de cinco anos, fui e voltei centenas de vezes sem pagar passagem. A carona era o modo mais barato de nos deslocarmos, e às vezes era até interessante. Conhecíamos gente. Conversávamos. Na maioria das vezes, escutávamos: principalmente os caminhoneiros, cansados da solidão do seu trabalho, nos contavam a vida inteira enquanto lhes preparávamos mate.

De vez em quando acontecia algum episódio desagradável. Uma vez um caminhoneiro de Mendoza, enquanto me contava suas penas, comentou que algumas estudantes se deitavam com ele para ganhar uns pesos, e que ele não via nada de errado nisso, porque assim elas podiam pagar os estudos e ajudar os pais. Não passou dessa insinuação, mas nos quilômetros que ainda faltavam para eu descer me senti bem inquieta. Toda vez que eu entrava num carro, a primeira coisa que fazia era localizar o trinco da porta. Acho que nesse dia eu me apertei contra a janela e me aferrei à maçaneta, caso precisasse saltar. Outra vez, um cara jovem, num carro luxuoso e que dirigia em alta velocidade, me disse que era ginecologista e começou a falar dos exames que toda mulher deveria fazer periodicamente, da importância de detectar pequenos tumores para combater o câncer logo no início. Depois me perguntou se eu costumava fazer esses exames. Eu respondi que sim, claro, todo ano, embora não fosse verdade. E ele, sem parar de falar e dirigir, esticou o braço e começou a me apalpar os seios. Gelei, com o cinto de segurança atravessado no peito. Sem afastar os olhos da estrada, o sujeito me disse: você sozinha pode detectar qualquer nódulo suspeito, mexendo assim, está vendo?

Mas só uma vez senti que realmente corríamos perigo. Eu estava com uma amiga, voltando de Villa Elisa a Paraná, um domingo à tarde. Não tinha sido uma boa viagem, porque as caronas foram todas curtas. Entramos e saímos de vários carros e caminhões. O último nos deixou num cruzamento perto de Viale, a uns sessenta quilômetros de Paraná. Estava anoitecendo, e não passava vivalma. Finalmente vimos um veículo se aproximando. Era um carro alaranjado, nem velho nem novo. Fizemos sinal, e o motorista parou no acostamento. Demos uma corridinha até alcançá-lo. Estava mesmo a caminho de Paraná, portanto entramos, minha amiga ao lado do motorista, um homem de uns sessenta anos, e eu no banco de trás. Durante os primeiros quilômetros falamos o mesmo de sempre: do tempo, de onde éramos, o que estudávamos. O homem nos contou que estava voltando de umas terras que tinha na região. De trás eu não ouvia muito bem o que eles diziam, mas como vi que minha amiga ia levando a conversa, me recostei no banco e me pus a olhar pela janela. Não sei quanto tempo se passou até eu perceber que algo estranho estava acontecendo. O sujeito desviava os olhos da estrada e inclinava a cabeça para falar com minha amiga, estava mais risonho. Avancei um pouco o corpo. Então vi sua mão dando uns tapinhas no joelho dela e depois subindo e lhe acariciando o braço. Comecei a falar de qualquer coisa: do estado da estrada, das provas que teríamos naquela semana. Mas o sujeito não prestava a menor atenção no que eu dizia. Continuava falando com ela, convidando-a para beber alguma coisa com ele quando chegássemos. Ela não perdia a calma nem desmanchava o sorriso, mas eu sabia que no fundo estava tão assustada quanto eu. Não, obrigada, tenho namorado. E daí? Eu não sou ciumento. Teu namorado deve ser um moleque, o que ele pode te ensinar da vida? Uma menininha como você precisa de um cara maduro como eu. Proteção. Segurança econômica. Experiência. As frases chegavam até mim entrecortadas. Lá fora já era noite e não se enxergavam nem as lavouras à beira da estrada. Olhei para todos os lados: um breu só. E quando vi as armas encostadas no vidro do carro, atrás do meu banco, gelei. Eram duas das grandes, espingardas ou algo parecido.

Minha amiga continuava recusando com amabilidade e compostura todos os convites que ele insistia em fazer, esquivando as investidas do homem que tentava agarrá-la pelo pulso. E eu continuava falando sem parar, sem que ninguém prestasse atenção em mim. Falava, falava e falava, eu que nunca falo, num ato de infinito desespero.

Então, aquilo que tinha gelado meu sangue o devolveu ao meu corpo: as armas estavam mais perto de mim do que dele. Mesmo que eu nunca tivesse usado uma.

Finalmente as luzes da entrada da cidade. O posto da YPF onde parava o ônibus para o centro. Pedimos que nos deixasse ali. O sujeito sorriu com desprezo, saiu da pista e encostou: sim, é melhor vocês descerem, suas babaquinhas de merda.

Descemos e caminhamos até a parada do ônibus. O carro alaranjado arrancou e se foi. Quando ficamos sozinhas, jogamos as mochilas no chão, nos abraçamos e desatamos a chorar.

Pode ser que María Luisa e Sarita tenham chegado a se sentir perdidas, momentos antes de morrer. Mas Andrea Danne estava dormindo quando a apunhalaram, em 16 de novembro de 1986.

Esse sábado tinha sido semelhante a outros sábados do último ano e meio, quando ela começara a namorar com Eduardo. Só que acabara bem mais cedo, sem que eles saíssem para dançar nem fossem a um motel, como em outras vezes. Na segunda--feira seguinte Andrea teria sua primeira prova final no curso de psicologia que começara a frequentar esse ano. Estava nervosa, insegura e preferiu se deitar cedo e estudar um pouco na cama em vez de sair com o namorado.

Ainda assim, passaram algumas horas juntos, quando ele chegou em sua moto para visitá-la. Tomaram mate e conversaram sentados na calçada, era um dia muito quente e se anunciava um temporal.

O sol tinha desaparecido atrás das casas baixas do bairro, e as poucas luzes da rua Centenario foram se acendendo e enchendo-se de insetos. Passou o caminhão regador, assentando a poeira da rua, levantando um vapor com cheiro de chuva.

Por volta das nove, foram à cozinha, prepararam alguns sanduíches de bife à milanesa, se serviram de bebida gelada e voltaram para a calçada. A casa era pequena, e quando os pais e o irmão estavam lá, era mais fácil o casal ter alguma intimidade fora do que dentro dela.

Enquanto comiam, chegou Fabiana, a irmã de Andrea, e lhe pediu ajuda para escolher a roupa para a festa da noite. No Clube Santa Rosa acontecia o Baile das Debutantes, que já era uma tradição na cidade de San José: todas as garotas que completavam quinze nesse ano desfilavam com seus vestidos e escolhia-se a mais bonita.

Então as irmãs entraram na casa, e Eduardo ficou sozinho, terminando o sanduíche.

Os vizinhos foram pondo as cadeiras na calçada e alguns viraram as televisões para fora, com o volume bem alto para poder ouvir, apesar do barulho da rua: poucos carros, principalmente grupos de crianças brincando de pega-pega ou caçando vaga-lumes. Naquele tempo ainda não havia televisão a cabo, o sinal era captado por antenas e na região só pegavam o canal 7 de Buenos Aires e o canal 3 de Paysandú, portanto as pessoas assistiam mais ou menos aos mesmos programas. O cheiro dos espirais repelentes logo tomou o ar.

Mais tarde, Andrea e Eduardo saíram para passear de moto pelo centro. Em volta da praça da matriz, o trânsito ficava pesado de carros e motos que iam lá fazer o footing sobre rodas, bem lentamente, como numa procissão. Tomaram um sorvete e voltaram para a casa de Andrea.

Os pais e o irmão já estavam na cama, Fabiana tinha ido ao baile. A casa estava em silêncio, apenas se ouvia através das finas paredes o som de uma televisão no quarto dos pais. O casal de namorados ficou algum tempo se beijando e se acariciando na cozinha. A certa altura escutaram um barulho no quintal. Eduardo saiu para olhar e não viu nada de estranho, mas o vento que agitava a copa das árvores e a roupa no varal dos vizinhos o alertou de que o tempo estava virando. Quando voltou a entrar, comentou isso com a namorada, e decidiram que seria melhor ele ir embora para que o temporal não o apanhasse no caminho. Mas Eduardo não foi logo em seguida, ainda continuaram a se beijar e a se acariciar por baixo da roupa, até que ela falou com firmeza: era melhor ele ir.

Andrea o acompanhou até a rua. O vento agitava seus cabelos longos, loiros, e colava as roupas ao seu corpo. Beijaram-se uma última vez, ele arrancou com a moto e ela correu para dentro da casa.

Deixou aberta a janela que dava para o quintal. Embora a temperatura tivesse baixado um pouquinho, as paredes continuavam quentes e os lençóis mornos, como que recém-passados. Deitou-se na cama de regata e calcinha e pegou uns textos, xerox grampeados e sublinhados, com anotações dela nas margens.

Mas logo deve ter adormecido. Segundo o depoimento da mãe, quando a ventania aumentou, ela foi fechar a janela, e Andrea já estava dormindo. Passava da meia-noite. Voltou ao seu quarto e acabou de ver o filme que estava passando na *Función Privada*, um programa mítico dos anos 80, conduzido por

Carlos Morelli e Rómulo Berruti. Apresentavam um filme e, no final, os dois jornalistas o comentavam tomando seus uísques. Naquela noite passavam *Humo de marihuana*, um filme que já tinha uns vinte anos, dirigido por Lucas Demare. Ela não se interessara pelo filme, mas, como estava sem sono, o viu até o final. Então desligou a televisão, sem esperar os comentários de Morelli e Berruti, e conseguiu adormecer.

Algum tempo depois, acordou, saiu da cama, foi até o quarto das filhas e acendeu a luz. Andrea continuava deitada, mas tinha sangue no nariz. Segundo suas palavras, ela ficou paralisada, sem se mover do vão da porta, e chamou pelo marido aos gritos, duas ou três vezes.

Vem cá, aconteceu alguma coisa com a Andrea.

Ele ainda vestiu com pachorra as calças e uma camisa antes de entrar no quarto. Ergueu Andrea pelos ombros, e mais um pouco de sangue escorreu do seu peito.

A outra cama, a de Fabiana, continuava arrumada e vazia. O temporal estava no auge. A chuva se somava às fortíssimas rajadas de vento, o telhado de zinco fazia um barulho como de tiroteio.

Andrea deve ter se sentido perdida quando acordou para morrer. Seus olhos, abertos de repente, devem ter pestanejado repetidas vezes nesses dois ou três minutos que o cérebro levou para ficar sem oxigênio. Perdida, aturdida pelo repiquete da chuva e do vento que quebrava os galhos mais finos das árvores do quintal, bêbada de sono, completamente desnorteada.

3

Os irmãos Quevedo, depois de comunicarem à polícia o desaparecimento de María Luisa e de ouvirem a resposta de praxe – que esperassem, que ela devia ter dado uma escapada com algum namoradinho e que logo iria voltar –, resolveram consultar uma vidente. Uma paraguaia que atendia numa casa humilde. O grande quintal, que se abria direto para a rua, abrigava os consulentes e seus males, que se amontoavam disputando a sombra mirrada das árvores com alguns cachorros que sempre andavam por ali.

Mesmo tendo saído quase junto com o sol daquela manhã, quando os Quevedo chegaram já havia muita gente esperando. Um auxiliar da paraguaia, que cuidava de organizar a pequena multidão, de apartar as brigas que se armavam quando algum malandro tentava furar a fila, se aproximou para lhes perguntar qual o assunto que os levara lá. Os irmãos explicaram do que se tratava. O auxiliar escutou tudo com atenção e entrou no casebre. Pouco depois saiu e os chamou com sinais. Ela vai receber vocês agora, disse, inclinando-se um pouco, falando baixo para evitar as queixas, que mesmo assim se escutaram quando todos viram que eles iam passando na frente, tendo sido os últimos a chegar.

Mas foi bem pouco o que a vidente disse: que María Luisa apareceria, sim, que estavam na sexta e que aquilo não passaria do domingo.

Eduardo, o namorado de Andrea, também resolveu consultar um vidente. Dois, na verdade. O primeiro deles, meio por acaso, porque o sujeito foi fazer compras na mercearia da sua família. Um tanto constrangido, Eduardo o chamou à parte e, junto às estantes de mantimentos, perguntou-lhe se podia revelar algo sobre a morte da sua namorada. O vidente o fitou aterrorizado, no fundo dos olhos, e disse que não se metia com as coisas do diabo.

Depois, por insistência de uma prima de Andrea, foram consultar outro vidente, Luis Danta, muito famoso na época, que atendia em Paysandú, uma cidade uruguaia a uns vinte quilômetros de Colón, onde Eduardo mora até hoje. Todo dia, muita gente atravessava a ponte internacional General Artigas para falar com Danta.

Foram de moto.

Do outro lado da ponte, a vegetação que ladeia a estrada é ribeirinha, própria das várzeas que se estendem um pouco além das margens.

Eduardo vinha a toda velocidade, a prima de Andrea agarrada à sua cintura, os dois sem capacete, que na época quase ninguém usava. Os cabelos compridos do rapaz batiam no rosto dela, obrigando-a a entrecerrar os olhos e a se deixar levar pela força da máquina. A visita ao curandeiro não esclareceu nada. Ele só disse algumas frases ambíguas, entrecortadas pelo transe. Eduardo pensava direto em Andrea, só fazia pensar nela, em desvendar o mistério da sua morte. Daí também a velocidade, ele corria feito louco, nada lhe importava, se tivesse que morrer num acidente, talvez fosse melhor, para aliviar o peito e a cabeça daquelas perguntas insistentes: quem, por quê.

Pouco antes de voltar a atravessar a ponte, agora vindo do lado uruguaio, de repente apareceu, no meio da estrada, uma urutu de quase dois metros. O bicho estava meio enroscado sobre o asfalto, mas Eduardo teve a impressão de que, quando a moto estava quase em cima dela, a cobra se ergueu armando o bote. O corpo grosso, marrom-claro com manchas mais escuras, a barriga também manchada, cintilava sob o sol. Por reflexo, Eduardo fez uma manobra brusca para não atropelar o animal, e quase rolam, ele e a prima de Andrea, pela estrada quente. Embora morrer daquele jeito fosse uma fantasia recorrente, o que o impressionou foi o fato de a cobra ter cruzado seu caminho, quando o vidente anterior lhe falara em coisas do diabo. Para ele, o encontro com a urutu foi um sinal.

Quando eu era pequena, também costumava ir a um curandeiro, o Velho Rodríguez, com minha avó. Ele morava num casebre nos arredores da cidade, perto de um bairro pobre, o Tiro Federal.

Visitar aquele casebre era inquietante, mas ao mesmo tempo eu gostava de ir até lá e não reclamava por ter que atravessar a cidade inteira a pé, sempre com a cabeça ou a barriga doendo, pois se minha avó me levava lá era porque eu estava ou com lombriga, ou com indigestão. O Velho me dava um pouco de medo. Era magérrimo, como se o seu próprio corpo estivesse chupando a carne para dentro e isso o obrigasse a se encurvar, a pele encolhida como uma camiseta recém-lavada. Não me lembro do seu rosto, mas sim que tinha as unhas compridas como as mulheres. Sujas e amarelas, suas garras consumidas deslizavam sobre a minha barriga inchada, desenhando uma cruz várias vezes enquanto murmurava coisas que eu não chegava a entender.

Seu próprio aspecto descarnado lhe dava uma aparência santa.

O quarto onde atendia era pequeno e escuro, mal ventilado. A chama das velas acesas aqui e ali, sempre em pontos diferentes, permitia ver apenas um fragmento do aposento, pintado com cal para afastar os bichos. Nunca consegui compor uma imagem completa daquele quarto, saber que móveis havia ali nem reconhecer o rosto dos santinhos nas paredes ou amontoados em cima do altar da vez.

Ele vivia sozinho e daquilo que os visitantes lhe deixavam como doação. Às vezes dinheiro, às vezes erva-mate, açúcar, macarrão, às vezes um pedaço de carne.

Além de curar parasitas e indigestão, o Velho Rodríguez tinha o segredo contra queimaduras, entorses, cobreiro e até a doença da míngua, esse mal que pode consumir um bebê, queimá-lo nos sucos do próprio estômago.

Não sei de onde vinha seu poder. Se o herdara da mãe ou tinha nascido com ele, como uma bênção que de tempos em tempos virava maldição. Quando seu poder se enturvava, o Velho não atendia ninguém, mesmo que derrubassem sua porta a pontapés, mesmo que uma penca de crianças chorasse em frente ao seu casebre e as mães implorassem que ele abrisse. Lá dentro, decerto largado em seu catre, o Velho dormia sua bebedeira, descansava do seu segredo e de seu poder, o corpo insensível com a surra do vinho ruim, a mente apagada. Nesses dias era inútil esperar sob o sol até o cair da noite, e não havia outro remédio senão fazer o caminho de volta, as tripas reviradas de vermes, o estômago pesado, a cabeça embotada.

O curandeiro Rodríguez morreu há muitos e muitos anos, largado numa cama do Hospital San Roque, aonde vão morrer os velhos solitários, sem família nem dinheiro. Deve ter tido um enterro de pobre, o corpo metido num ataúde mal pregado, sem alças de bronze – para que, se não tinha parentes nem amigos para carregá-lo? –, sem lixar, sem envernizar. Um caixão só um pouco mais robusto que um caixote de maçãs. Devia pesar muito pouco o pobre velho. Sem encomendação nem a bênção do padre, pois não há misericórdia para quem conhece o segredo, quem tem poderes que ofendem a Deus. Deve ter sido enterrado num lote distante, daqueles quase junto à cerca que divide os terrenos do cemitério dos campos vizinhos, um arame farpado para que as vacas não entrem e mordisquem os talos das flores, murchas nos vasos, nos dias de verão. Um lote distante, onde são sepultados os que não têm ninguém.

Chego à Senhora por indicação de uns amigos escritores que a consultam quando precisam tomar decisões importantes. Acreditam no seu tino e nas suas cartas de tarô.

Quando telefono para marcar uma consulta, explico a ela que meu pedido talvez lhe pareça estranho: não é por mim que quero vê-la, mas por três mulheres que estão mortas. Ela diz que isso é mais comum do que imagino, e combinamos dia e hora.

Nunca pedi para tirarem as cartas para mim, e a ideia me deixa um pouco nervosa. Tenho medo de ela não ter entendido que não é sobre mim que quero que indague, mas sobre María Luisa, Andrea e Sarita. Não quero saber meu futuro. Não quero que ela lance luz sobre nenhuma sombra do passado.

Eu ia ao Velho Rodríguez despreocupada, porque era para me curar, mas tinha pavor dos ciganos, porque eles adivinhavam o amanhã. De vez em quando se instalavam na cidade, no mesmo descampado onde paravam os circos e os parques de diversões. Armavam sua tenda à sombra dos eucaliptos que cercavam o terreno, quase à beira da estrada asfaltada que emenda na avenida Urquiza e depois na rodovia 131, na direção de Villaguay. Viviam de comprar e vender carros. Ao lado da tenda, pegado ao acostamento, estacionavam um renque de carros e caminhonetes que exibiam suas pinturas metálicas, cintilando ao sol, para todo mundo que passava.

Durante as semanas ou até meses em que eles acampavam ali, era comum cruzar com as mulheres fazendo compras ou circulando pela cidade. Sempre em duas ou três, às vezes com crianças de colo, vestindo suas saionas de chita e com lenços cobrindo parte da cabeleira muito comprida, solta ou trançada, os braços cheios de pulseiras de ouro, as orelhas com grandes brincos também de ouro, os pés calçados com sapatos de salto alto. Todo mundo desconfiava delas: quando entravam nas mercearias e nas lojas, um funcionário sempre as vigiava de perto, porque diziam que seus dedos eram mais rápidos que um raio. Também diziam que elas roubavam crianças e as levavam para vender no próximo povoado onde acampassem. Aquelas mulheres pareciam achar graça nos olhares desconfiados que atraíam. Quando cruzavam com alguém, abordavam a pessoa aos gritos, oferecendo-se para ler sua mão. Era isso que me aterrorizava, que me agarrassem uma mão à força, virassem minha palma e lessem tudo de mim, até o dia da minha morte.

Uma vez assisti a uma cena que me fez ver essas mulheres de outro modo. Eu estava voltando da mercearia, devia ter uns dez anos, e vi ao longe um casal de ciganos. Era raro os homens andarem pela rua. Parecia que os dois tinham acabado de sair de uma loja e estavam discutindo na calçada. Ele gesticulava, e à medida que fui me aproximando escutei seus gritos. Parei a uma distância prudente, fingindo olhar uma vitrine, porque estava com medo de passar perto deles. Continuei observando a cena com o rabo do olho. O sujeito, um homem jovem, falava com a mulher em voz bem alta, numa língua que eu não entendia. Ela escutava, cabisbaixa. A certa altura, ele a empurrou no ombro. O corpo da mulher perdeu um pouco o equilíbrio, mas não chegou a tombar. Ele deu meia-volta e se afastou a passos largos e firmes. Em vez de segui-lo, e acho que era isso que ele esperava, a mulher se sentou no meio-fio e ficou lá não sei quanto tempo. Vi o homem se perder na distância e cansei de esperar que ela se levantasse para também ir embora. Fiz das tripas coração e passei caminhando por trás dela. Estava com as costas encurvadas, o rosto inclinado sobre os joelhos e tinha na mão um graveto com que fazia desenhos na areia acumulada na sarjeta.

A Senhora é uma mulher esbelta, de cabelo preto, comprido e com uma franja estilo Stones. Usa minissaia e pinta a boca e as unhas de vermelho. Tem tatuagens. Deve ter a idade da minha mãe, mas parece uma garota. Enquanto subimos dois lances de escada, falamos dos nossos conhecidos em comum. No seu estúdio, ela me indica uma cadeira muito confortável, com braços de madeira e estofamento macio. Abre um pouco as janelas. O estúdio foi construído na cobertura da casa e tem janelas retangulares, de parte a parte, em duas das paredes, e na terceira uma porta-balcão de vidro por onde se veem cactos em vasos, espalhados sobre as lajotas cor de tijolo. Depois se senta numa cadeira semelhante à minha, só que a dela mais parece um trono: bem maior do que a minha e de ratã. Uma mesinha de centro nos separa. Em cima da mesa há apenas um pano verde dobrado ao meio.

Repito o que lhe expliquei ao telefone e me estendo mais um pouco: em dois dos casos, os familiares consultaram videntes, mas essas experiências não acrescentaram praticamente nada. Talvez então fosse cedo demais, e agora talvez seja tarde demais, arrisco.

Nunca é tarde. Mas eu acho que no além tudo deve estar junto e enredado, como um novelo de lã. É preciso ter paciência e ir puxando a ponta bem devagar. Você conhece a história de La Huesera, a Mulher dos Ossos?

Faço que não com a cabeça.

É uma velha muito velha que vive em certo esconderijo da alma. Uma velha chucra que cacareja como as galinhas, canta como os pássaros e emite outros sons mais animais do que humanos. Sua tarefa consiste em catar ossos. Ela recolhe e guarda tudo aquilo que periga se perder. Sua choupana está cheia de ossos de todo tipo de animais. Mas seus preferidos são os ossos dos lobos. Para encontrar um, ela é capaz de caminhar por quilômetros e mais quilômetros, galgar montanhas, atravessar rios, queimar a sola dos pés nas areias do deserto. De volta à sua choupana com a braçada de ossos, ela monta o esqueleto. Quando La Huesera põe a última peça no lugar e a figura do lobo resplandece diante dos seus olhos, ela se senta junto ao fogo e se põe a pensar que canção cantará. Quando se decide, ergue os braços sobre o esqueleto e principia seu canto. À medida que canta, os ossos vão se forrando de carne; e a carne, de couro; e o couro, de pelos. Ela continua a cantar, e a criatura ganha vida, começa a respirar, seu rabo se estica, abre os olhos, dá um salto e sai correndo da choupana. A certa altura da sua corrida vertiginosa, seja pela velocidade, seja porque mergulha nas águas de um rio para atravessá-lo, seja porque o luar o apanha em cheio num flanco, o lobo se transforma numa mulher que corre livremente rumo ao horizonte, rindo às gargalhadas.

Talvez seja esta a sua missão: recolher os ossos das garotas, armá-las, dar-lhes voz e depois deixá-las correr livremente para onde tiverem que ir.

4

Quando eu era pequena, minha mãe me contou a mesma história várias vezes. Era um episódio que aconteceu pouco depois de ela se casar com meu pai. Eles se casaram muito jovens, com dezesseis e dezoito anos, porque minha mãe estava grávida, uma gravidez que no fim não passou do sexto mês. Seu namoro não tinha sido longo, portanto os dois não se conheciam muito bem. Pouco depois de começarem a viver juntos, durante um almoço, os dois se pegaram numa discussão, alguma bobagem de adolescentes que foi esquentando. Até que a certa altura meu pai levantou uma das mãos, ameaçando acertar um tapa na minha mãe. Ela, sem pensar duas vezes, cravou um garfo no braço que ele tinha apoiado na mesa. Meu pai nunca mais bancou o valentão.

Toda vez que ela me contava esse caso, eu ficava me perguntando qual daqueles garfos – de um jogo de talheres que eu adorava, com cabo de acrílico amarelo, que eles tinham ganhado no casamento –, qual deles teria provado a carne do meu pai.

Não me lembro de nenhuma conversa específica sobre violência de gênero, nem que minha mãe fizesse alguma advertência expressa sobre o tema. Mas ele sempre estava presente: quando falávamos da Marta, a vizinha espancada pelo marido, a qual por sua vez descia o braço nos filhos, principalmente no Ale, um menino que só desenhava aranhas. Às vezes nos deitávamos na grama para olhar o céu e quando víamos aquelas nuvens compridas, fininhas e encaroçadas, muito juntas umas das outras, parecendo ondas, ele dizia: olha lá, meu pai andou arando o céu. O pai dele era sitiante. O Ale morreu num acidente de moto aos dezesseis anos.

 O tema também estava presente quando falávamos da Bety, a dona da mercearia que se enforcou num telheiro nos fundos da sua casa. Todo o bairro dizia que ela apanhava do marido e que ele sabia bater, porque não se viam os roxos. Ninguém jamais o denunciou. Depois da sua morte, correu o boato de que ele é que tinha matado a mulher e ocultado o crime simulando um suicídio. Podia ser. Também podia ser que ela mesma tivesse se enforcado, farta da vida que levava.

 E também quando falávamos da mulher do açougueiro López. Suas filham iam à mesma escola que eu. Ela o denunciou por estupro. Fazia tempo que, além de lhe bater, o açougueiro abusava sexualmente dela. Nos meus doze anos, essa notícia me impressionou enormemente. Como é que podia o marido estuprar a própria mulher? Os estupradores eram sempre homens desconhecidos que agarravam uma mulher e a levavam para o mato, ou que entravam em sua casa forçando uma porta. Desde pequenas nos ensinavam que não devíamos falar com estranhos e que devíamos tomar cuidado com o Tarado. O Tarado era uma entidade tão mágica quanto, nos primeiros anos da infância, La Solapa[*] e o Homem do Saco. Era quem podia te violentar se você andasse sozinha tarde da noite ou se aventurasse por lugares desertos. Era quem podia aparecer do nada e te arrastar até uma construção. Nunca ninguém falou que você podia ser estuprada pelo marido, pelo pai, pelo

---

[*] Personagem mítico da região de Entre Ríos, espécie de duende feminino que apanha e carrega as crianças que saem sozinhas nas horas quentes da sesta, sobretudo no verão. (N. T.)

irmão, pelo vizinho, pelo professor. Por um homem em quem você tem toda a confiança.

E quando o Cachito García apavorava as sestas do bairro com os berros que dedicava à namorada. O Cachito era um ladrão de galinhas que saía com a filha mais velha dos Bonnot, uns vizinhos nossos. Don Bonnot trabalhava numa construtora de estradas e passava a maior parte do ano longe de casa. Sua mulher e a numerosa prole feminina, todas meninas muito bonitas, moravam sozinhas. O Cachito era ciumento e xingava a namorada a três por dois porque ela se pintava, ou porque usava roupa agarrada, ou porque ele a vira conversando com outro rapaz. Uma vez, foi um pouco além. Os Bonnot moravam numa casa pré-fabricada de madeira, e o Cachito encharcou as paredes de querosene e ameaçou tocar fogo. Os vizinhos o seguraram antes que incendiasse tudo.

Essas cenas conviviam com outras menos chamativas: a mãe de uma amiga que não se maquiava porque o marido não deixava. Uma colega de trabalho da minha mãe que todo mês entregava o salário inteiro ao marido, para que ele o administrasse. Outra que não podia visitar a família porque o marido achava que os parentes dela não tinham nível. Outra que era proibida de usar sapatos de salto alto porque isso era coisa de puta.

Eu cresci escutando mulheres adultas comentarem coisas assim em voz baixa, como se a situação da pobre coitada fosse motivo de vergonha ou como se elas também temessem o agressor.

Minha mãe falava dessas histórias em alto e bom som, indignada, e era sempre sua companheira de fofoca que fazia sinais para que ela falasse baixo e apontava para as crianças, dizendo: cuidado, que tem gente descalça... Como se falar disso fosse feio, como um palavrão, ou pior, como se lhes causasse um constrangimento incontrolável.

Mirta, a irmã de Sarita Mundín, suspeita que Dady Olivero batia nela. Sarita nunca comentou nada diretamente, mas tinha medo do amante. Entre elas, costumavam se referir a Olivero como Porco Varrão. Nos últimos tempos, quando sabia que ele iria visitá-la, Sarita enchia a casa de amigos e amigas da sua idade, para não ficar a sós com ele. Olivero dava um tempo, disfarçando sua contrariedade, tomava uns mates e ia embora, com sangue nos olhos.

No último dia que as irmãs passaram juntas, como se Sarita soubesse que seria a última vez e quisesse lhe deixar um ensinamento para toda a vida, tiveram uma conversa que Mirta jamais vai esquecer.

Sarita lhe disse: nunca deixe ninguém te atropelar. Você tem que se valorizar. Nunca deixe homem nenhum relar a mão em você. Se te baterem uma vez, vão te bater sempre.

Sarita se casara grávida, aos quinze anos. Mirta estava repetindo sua história, esperando um filho aos catorze, solteira. Pouco depois do nascimento de Germán, o marido de Sarita começara a exigir que ela pusesse dinheiro em casa. Sarita então se iniciou na prostituição. Na estrada, conheceu Olivero, que seria primeiro seu cliente, depois seu amante e protetor, e a última pessoa com quem foi vista.

Do trottoir na beira da estrada, passou a ter uma carteira de clientes do Comitê do Partido Radical. Ela e sua amiga Miriam García eram militantes da sigla, duas garotas jovens e bonitas que logo monopolizaram a atenção dos homens mais velhos, de boa posição social e falso moralismo. Talvez por seu frescor e sua aparência de menina, fazia sucesso entre os machos maduros. Embora se saísse bastante bem com os radicais, e além disso contasse com a proteção de Olivero, Sarita não deixou de visitar um velho cliente. Um homem também mais velho, sozinho, que morava em Oncativo, uma cidade a sessenta e quatro quilômetros de Villa María e que, segundo Miriam García, sempre a ajudava com dinheiro.

José Bertoni, um tio solteirão da minha mãe, também tinha uma mulher, a Chola, que o visitava a domicílio. José tinha um caminhão basculante e fazia viagens curtas transportando areia e cascalho de uma pedreira da região. Morava numa casa muito bonita que ele tinha construído sozinho. Eu sempre ia com um primo brincar na casa dele, porque tinha um jardim muito grande, com balanços, e porque nos deixava fazer o que quiséssemos. Em algumas daquelas tardes, víamos a Chola chegar com três ou quatro filhos, que tinham mais ou menos nossa idade. Ela e meu tio entravam na casa, e nós ficávamos brincando. Sabíamos que em hipótese alguma podíamos entrar ou chamá-los enquanto estivessem lá fechados. Depois de algum tempo, saíam e tomavam mate, e a Chola nos preparava o lanche.

Entre os filhos dela havia uma menina um pouco mais velha que eu. Não me lembro do seu nome, mas sim que era bonita e que da noite para o dia virou uma mulher, baixa, de seios grandes e quadris largos que se espremiam em seus vestidos ainda de menina. Também numa daquelas tardes, quem se fechou na casa com José Bertoni foi ela, enquanto a Chola ficou no quintal tomando mate e nós continuamos brincando como se nada tivesse acontecido.

Visitar um homem sozinho que, em troca, ajuda com dinheiro é uma forma de prostituição naturalizada no interior. Assim como a da empregada doméstica que fora do trabalho se encontra com o marido da patroa, e esses encontros engordam um pouco seu salário. Eu vi isso acontecer com moças da minha família, quando era pequena. De noite, ouve-se alguém buzinar na rua. Ela, que está esperando, pega a bolsa e sai. Ninguém pergunta nada.

Depois do desaparecimento de Sarita, Olivero continuou visitando a família dela. Levava sempre algum dinheiro e bandejas de carne que trazia do seu frigorífico. Embora a mãe suspeitasse que ele tinha algo a ver com o sumiço da filha, que havia feito algo de ruim com ela, aceitava os presentes engolindo o ódio e o orgulho. Eram tão pobres que às vezes não tinham o que comer. Mirta estava grávida, e estavam criando o filho de Sarita. Precisavam alimentar aquelas bocas.

Quem pôs fim a essas visitas de caridade foi Mirta. Aquela sua última conversa com a irmã lhe dera a força necessária para acabar com aquilo, uma tarde em que o Porco Varrão apareceu com suas bandejas de carne e querendo que ela começasse a ocupar o lugar que Sarita havia deixado vago.

5

Das três cidades onde as garotas nasceram, cresceram e foram assassinadas, eu só conheço uma, San José. Lembro dela do meu tempo de criança e adolescente, como um lugar de passagem obrigatória entre meu povoado e a cidade de Colón, onde minha tia morava. Eu só conhecia San José pela janela do ônibus, nunca descemos nem caminhamos por suas ruas, não tínhamos nenhuma razão para fazer isso, porque não conhecíamos ninguém ali. Mas me parecia um lugar muito feio, sem graça.

Logo ao entrar na cidade, era obrigatório passar em frente ao Frigorífico Vizental. As altas chaminés do edifício sempre ativas, dia e noite, enchendo todo o povoado com sua fumaça gordurosa e fedendo a carne, couro e ossos sendo cozidos. Quando passávamos de manhã bem, bem cedo, eu gostava de ver os funcionários do frigorífico com quem cruzávamos pelo caminho: iam na direção contrária ao ônibus, homens e mulheres de bicicleta, todos vestidos de branco dos pés à cabeça. Havia algo de irreal e estranho naqueles ciclistas pedalando lentamente pelo acostamento, envoltos na luz embaçada da manhã, que por momentos pareciam flutuar: um batalhão de fantasmas.

Na região circulavam rumores sobre o povo de San José: que faziam magia negra, que eram encrenqueiros, que os homens sempre andavam com uma faca na cintura, que as mulheres eram fáceis. Comentários de povoados de agricultores, a maioria de origem italiana. San José era uma cidade industrial, lá quase todos viviam direta ou indiretamente do frigorífico. No imaginário dos vizinhos, parecia que a fumaça preta e mal-cheirosa do Vizental contaminava também a vida e os hábitos dos seus moradores. Eram trabalhadores e eram pobres, passavam o dia esquartejando gado, separando as peças, pondo-as para cozinhar, enfiando tudo em latas que depois eram vendidas em todos os supermercados do país. Nós, ao contrário, plantávamos, colhíamos, trabalhávamos a terra. Nosso ar era limpo e puro, apenas maculado de quando em quando pelo cheiro de combustível das colheitadeiras. Quando alguém de San José aparecia nos bailes de Villa Elisa ou de Colón, cedo ou tarde se armava uma briga. Não porque eles a provocassem diretamente, mas porque, para os nossos, a presença daqueles vizinhos indesejáveis em alguma das suas reuniões já era por si só uma provocação.

Quando a notícia do assassinato de Andrea se espalhou, parece que todos esses preconceitos encontraram seu sentido e sua razão. Ninguém parecia estranhar que aquele lugar fosse cenário de um crime tão brutal. Logo se falou em seitas, ritos satânicos, feitiçaria.

No entanto, há mesmo algo de ritual no modo como ela foi assassinada: uma única punhalada no coração, enquanto dormia. Como se a sua própria cama fosse o altar dos sacrifícios.

Tacho Zucco é escultor e mora em Chajarí, no extremo nordeste da província de Entre Ríos, numa casa que ele ergueu com as próprias mãos. Uma casa simples e acolhedora, com janelões que dão para o quintal, por onde entra toda a luz de um domingo ensolarado. Agora que seus quatro filhos estão estudando em Buenos Aires, na casa só moram ele e Silvia, sua mulher. A mesma que era sua namorada e estava grávida quando assassinaram Andrea. Tacho e a garota morta foram muito amigos.

Poucos anos antes do assassinato, ele tinha se mudado para San José, onde abriu uma loja de discos e conheceu Andrea e a irmã dela, mais toda a turma de amigos das meninas. O local logo atraiu a juventude de San José e alarmou os adultos. Tacho Zucco era o forasteiro que trazia aqueles cassetes de rock, e sua loja era o ponto de encontro dos adolescentes para fumar maconha. Ele fica surpreso quando lhe digo que seu nome é citado várias vezes no processo. Isso porque entre os pertences dela encontraram algumas cartas que ele lhe mandou.

Zucco sempre achara Andrea uma garota linda, mas nunca houve nada entre eles. Não gostaria de ter namorado com ela porque seus namorados sofriam muito, porque ela estava e não estava, nunca se comprometia nem se entregava por completo. Era assim com tudo, lembra, como se sempre estivesse flutuando entre o céu e a terra.

Durante aquele ano e pouco que morou em San José, ele nunca se encontrou. O lugar era muito diferente de Chajarí. Tudo era mais sombrio.

Os rapazes tinham um hábito, um jogo, não sei como chamar, ele me conta. Costumavam se referir àquilo como fazer um bezerro. Eles marcavam uma garota, sempre de classe baixa. Um dos rapazes da turma a paquerava. Seguia a menina pela rua e lhe dizia coisas sedutoras, como se quisesse namorar com ela. Tudo isso era feito ao longo da semana e não podia demorar muitos dias, porque o bezerro estava marcado para o sábado, e a conquista tinha que ser rápida. Quando a moça cedia, vinha o convite para o baile. Primeiro iam tomar alguma coisa na confeitaria, depois davam uma volta de carro. Nunca chegavam ao baile. O carro se desviava para o balneário ou para algum lugar deserto. O resto da turma já estava esperando lá, e a garota era obrigada a ir com todos. Ou melhor, ia passando de mão em mão. Depois lhe davam dinheiro para que fechasse o bico. Eu nunca soube de nada parecido aqui em Chajarí. Se bem que faz algum tempo aconteceu um caso que me lembrou essa história de fazer um bezerro.

Zucco se refere ao assassinato de Alejandra Martínez, uma garota de dezessete anos que desapareceu numa madrugada de 1998, na saída de uma boate, e apareceu dali a um mês, morta. Seu corpo foi abandonado em Colonia Belgrano, a dez quilômetros de Chajarí, num terreno rodeado de eucaliptos, meio oculto embaixo de um monte de troncos. Quem a encontrou foi um peão de fazenda que tinha entrado no local atrás de um animal perdido. Estava seminua e em avançado estado de decomposição, tinham decepado seus mamilos, extirpado a vagina e o útero, e cortado a polpa da maioria dos dedos. Algumas testemunhas disseram que nesse dia a viram no bairro às seis da manhã; outras, que alguns homens a enfiaram num táxi, e uma vizinha garantiu ter ouvido gritos pedindo socorro e logo em seguida ter visto que o padrasto da menina enfiava uma coisa pesada dentro do carro e saía de casa. Pelo crime, o padrasto passou dois anos na cadeia, embora nunca tenha havido provas concretas contra ele, por isso acabou não indo a julgamento e foi liberado. Para os moradores de Chajarí, que fizeram várias marchas silenciosas pedindo por justiça para Alejandra, o padrasto foi o bode expiatório de um caso em que sempre se falou de uma festa privada de filhos de políticos e funcionários da polícia.

A mulher de Zucco prepara o mate. Ela conta que na época se dizia que o filho de um cirurgião famoso estava envolvido no assassinato de Alejandra Martínez e que o próprio pai teria se ocupado de estripá-la, ninguém sabe com que finalidade, se para acobertar um estupro, apagar provas ou o quê. Também que o corpo tinha ficado num freezer por vários dias antes de ser jogado naquele descampado, que alguém o manteve congelado enquanto decidia o que fazer.

Ela também não tem boas lembranças de San José. Quando ia visitar seu então namorado e participava de baladas ou conversas com as garotas de lá, havia coisas que lhe causavam repulsa.

Pode parecer uma bobagem. Mas eu lembro que na época tinham acabado de aparecer as calcinhas tipo fio dental. É só um exemplo. Uma das meninas da turma tinha comprado uma e dividia com as outras. Quando uma delas ia ter um encontro, pedia a calcinha para a amiga, entende? Eu não gostava dessas coisas. Tudo sempre me dava uma sensação de promiscuidade. Se bem que, para falar a verdade, eu estava é com um pouco de ciúme, porque o Tacho era amigo delas, e eu me sentia muito careta, diz e dá risada.

Como Tacho já havia fechado a loja de discos e voltado a se instalar em Chajarí, demorou alguns dias para saberem da morte de Andrea. Alguém comentou com eles, mas sem explicar como tinha sido, e Tacho pensou num ataque do coração, algo repentino, muito triste, mas uma morte natural. Então foi visitar Fabiana e o grupo de amigos que ele tinha feito naqueles meses. Mal desceu do ônibus, uma conhecida que encontrou na rodoviária lhe contou os detalhes. Depois desse dia, ele nunca mais pôs os pés em San José. Não chegou a procurar Fabiana nem ninguém da turma.

No processo, esses detalhes são descritos da seguinte forma:
Sobre uma cama de madeira de 190 cm de comprimento por 90 cm de largura e 50 cm de altura, posicionada junto à parede do quarto de face oeste, com a cabeceira junto à parede de face sul e encostada em ambas as paredes, encontra-se o corpo da srta. María Andrea Danne, em decúbito dorsal, com o rosto ligeiramente inclinado para a direita, repousando

sobre o travesseiro, com muito sangue sobre o peito, o lençol, o colchão, parte da cama, isto é, o estrado no lado direito, e uma poça de sangue no chão, à direita da cama. A mesma encontra-se sem vida, coberta até a cintura com um lençol e um edredom, com ambas as mãos sobre o ventre, vestida com uma camiseta regata de cor vermelha, manchada com seu sangue, e um biquíni.

Embaixo da cama observa-se uma sandália de couro marrom, e ao lado da cama, sujo de sangue, o outro pé, provavelmente o par que a vítima usava. Na cama não se observam peças de roupa desordenadas, portanto não há sinais de violência, os cabelos da morta estão arrumados.

Tacho Zucco não sabe quem poderia ter matado Andrea, nem por quê. Quando lhe conto que no inconsciente coletivo da cidade os assassinos são os pais dela, ele me olha surpreso. Mais que surpreso, visivelmente impressionado.

Dali a pouco – já nos despedimos e estou num táxi a caminho da rodoviária –, ele me manda uma mensagem de texto: a história de Abraão e Isaac, não posso acreditar.

De novo, a ideia do sacrifício.

A primeira vez que falei com Yogui Quevedo, o irmão de María Luisa que morava com ela na época do assassinato, foi num telefonema que lhe fiz de Buenos Aires. Uma jornalista de Sáenz Peña tinha me passado o celular dele. O sinal estava ruim, e por momentos ficava entrecortado. Saí para o quintal para ver se melhorava. Melhorou um pouco, mas não o suficiente. Pedi para ele também sair, e aí conseguimos conversar com alguma fluência. Yogui não foi para o quintal, mas para a calçada. E se agora o sinal era estável, a interrupção vinha das pessoas que passavam direto e cumprimentavam meu interlocutor, e ele respondia.

É que aqui todo mundo me conhece, explicou.

Passaram-se alguns meses até que eu pude viajar ao Chaco para entrevistá-lo. Tenho parentes em Villa Ángela, uma cidade a cem quilômetros de Sáenz Peña. Vou me hospedar na mesma casa onde, faz uns dois anos, li aquele artigo de jornal que me levou até María Luisa.

Assim que me instalo, ligo para ele e ficamos de nos encontrar no dia seguinte, à tarde. Acho suas instruções meio estranhas, mas faço como ele me pediu: quando meu ônibus estiver chegando a Sáenz Peña, devo mandar uma mensagem de texto, que aí ele vai me indicar o ponto de encontro.

Envio a primeira mensagem quando o ônibus cruza o arco de ferro com os dizeres Estação de Águas Bem-Vindos. A segunda, já entrando na rodoviária. Desço numa plataforma onde há um monte de gente esperando o carro que vai levá-los ao seu destino, e outro tanto de recém-chegados. Assim como a maioria das rodoviárias do interior, está suja e descuidada.

Procuro entre os homens que estão esperando os passageiros, tentando reconhecer Yogui, embora nunca tenha visto uma foto dele. Nada. Todos os que esperam com cara de ansiedade vão abrindo sorrisos à medida que abraçam os recém-chegados e se oferecem para ajudar com as sacolas e malas. A plataforma vai ficando vazia, e eu permaneço perto do ônibus, por via das dúvidas, até que o carregador fecha o bagageiro e o veículo se retira, deixando a baia livre para o próximo carro.

Tenho vontade de fazer xixi. Mas temo que ele chegue justo quando eu estiver no banheiro. Então lhe mando mais uma mensagem: cheguei, vou ao banheiro, espere por mim.

No banheiro, uma mulher sentada junto a uma mesinha oferece pedaços de papel higiênico dobrados e guardanapos de papel. Há um forte cheiro de creolina e faz muito calor, as mulheres entram e saem dos cubículos, há fila. Quando finalmente chega minha vez, entro no banheiro, mas a caixa de descarga está seca.

Da torneira sai um mísero fiozinho de água. Molho a ponta dos dedos, como se fosse água benta, e saio recusando o guardanapo de papel.

Lá fora, é claro, Yogui Quevedo não está me esperando, e então ligo para ele. Cai na caixa postal. Deixo recado. Volto a ligar. Telefono mais cinco vezes na meia hora seguinte. De repente lembro que, naquela breve conversa que tivemos meses antes, ele comentou que seus irmãos tinham uma agência de viagens. Procuro uma lan house e peço uma lista telefônica. Copio um endereço e pego um táxi.

Quando entro na agência de turismo, o rapaz que atende me recebe com um sorriso. Deve ver em mim uma potencial cliente. Quando lhe digo que não quero comprar nenhum pacote e explico a verdadeira razão pela qual estou sentada à sua frente, vejo como ele murcha de desânimo e sinto pena. Apesar da decepção, continua a me tratar com gentileza. A poucas quadras dali há uns rapazes que organizam excursões de compras, deve ser essa a agência que estou procurando, ele só não sabe se o sobrenome deles é mesmo Quevedo.

Agradeço e saio para a rua, onde não corre nem um pingo de vento.

O endereço indicado não se parece em nada com o escritório envidraçado e com as paredes forradas de paisagens paradisíacas que acabo de deixar. Este fica no térreo de um prédio de dois andares caindo aos pedaços, com os vidros quebrados e remendados com pedaços de papelão. Depois fiquei sabendo que o prédio pertence a Carlos Janik, um dos legistas do caso Quevedo. Poucos meses antes dessa minha viagem, cheguei a escrever para Janik tentando marcar uma entrevista, mas ele me respondeu que não só não se lembrava muito bem daquele caso, como não sabia o que tinha acontecido com a família da moça e não poderia me pôr em contato com seus parentes.

O escritório está fechado, e por mais que eu toque a campainha e bata na porta, só me respondem os latidos do cachorro de um vizinho. Do lado de fora há uma lousa que diz: Viagens para a Bolívia e La Salada. E um número de celular. Ligo para lá. Toca algumas vezes, e um homem me atende.

Explico o motivo do meu telefonema, ele me responde que seu irmão deveria estar na agência e que, se não está, não imagina onde posso encontrá-lo, e que não sabe onde o Yogui mora atualmente. Que ele está na Bolívia, com uma excursão, e que precisa desligar porque está dirigindo.

Com o telefone na mão, sento num muro de alvenaria à beira da calçada. Respiro fundo e ligo de novo para o número de Yogui Quevedo. E a voz da caixa postal volta a dizer: usuário não disponível, deixe sua mensagem após o sinal. Deixo um último recado ríspido, sem me preocupar em disfarçar minha raiva.

Volto à rodoviária e compro uma passagem no próximo ônibus para Villa Ángela, que felizmente está quase saindo. E então me conformo a passar mais duas horas e meia em um ônibus desconjuntado (sim, duas horas e meia foi o que demorei na ida, duas horas e meia para percorrer cem quilômetros). Sem banheiro, sem ar-condicionado, que para a cada cinco minutos, daqueles que no interior chamamos de pinga-pinga.

Assim que me permitem entrar no carro, procuro uma poltrona junto à janela, para pelo menos viajar olhando a paisagem e tomando no rosto o vento quente da estrada. O courvin da poltrona supura espuma pelos rasgos, e é impossível reclinar o encosto, porque o mecanismo está travado. O carro logo se enche de gente, mas a poltrona ao meu lado continua vazia. Penso que talvez a cota de boa sorte que não tive em toda a tarde por fim se manifeste e eu possa viajar sem um vizinho de assento.

O ônibus se arrasta em marcha a ré e vamos saindo da baia, manobra e saímos da rodoviária. Até finalmente deixarmos a cidade, vai parar a cada uma ou duas quadras, e até duas vezes na mesma quadra, para pegar os passageiros que esperam sem ordem e sem plano, no lugar onde largaram sua sacola, sem dar nem um passo além, mesmo que a cinquenta metros dali outros passageiros estejam esperando provavelmente o mesmo ônibus.

Numa das paradas sobe uma moça corpulenta e loira, com várias sacolas na mão. Caminha pelo corredor meio de lado, até largar seu corpão no banco ao meu lado. É mesmo grandalhona, do tipo europeu bem comum na região. Eu me espremo o quanto posso contra a janela e abro o vidro também o quanto posso. O perfume adocicado da garota me enjoa. E a viagem mal começou.

Tomo ar, inspirando curto e profundo, e tento pensar em outra coisa.

Jesús Gómez, que a família de María Luisa aponta como seu assassino, foi dono de uma empresa de ônibus como essa. Há trinta anos, sua frota percorria a província ligando cidades e pequenos povoados.

Um antigo chofer da sua empresa, que além disso teve uma relação de amizade com Gómez, descreve o empresário como um mulherengo inveterado, mesmo quando já beirava os setenta.

Preferia as moças bem novinhas, todo mundo sabia disso. Seus próprios funcionários lhe arranjavam as meninas para tirar um dinheiro dele.

Segundo algumas versões, María Luisa era uma dessas meninas que tinham relações com Gómez.

Tiro um envelope de papel pardo da mochila e procuro, entre as fotocópias de recortes, alguma foto desse homem. Só encontro uma, borrada. Está entrando no Fórum, é o que diz a legenda, para uma acareação com duas testemunhas. É um velho de óculos e está de camisa de mangas curtas.

Lembro de uma conversa que tive com um amigo, em Resistencia, no mesmo dia em que fui aos arquivos do jornal *Norte* para consultar os artigos sobre o crime, de onde tirei essa reportagem com a foto de Gómez. Fomos almoçar pintado à milanesa, e falando sobre o caso ele me contou que, fazia alguns anos, estava reunido com uns companheiros de militância numa lanchonete perto da rodoviária. Numa mesa próxima, um homem de uns quarenta anos tomava uma cerveja e uma menina de doze comia um sanduíche. Não eram pai e filha. Embora ele não conseguisse ouvir a conversa, os gestos, os olhares, o corpo do homem cada vez mais debruçado sobre a mesa davam a entender que, tão logo a menina terminasse seu misto, a reunião continuaria em outro lugar. Em alguma das pensões baratas que rodeiam a rodoviária ou ali mesmo, nos banheiros. O homem estava pagando adiantado, com um lanche, por aquilo que cobraria em seguida.

Olho pela janela. Já deixamos a cidade e está anoitecendo. Estamos passando em frente ao zoológico. Estico o pescoço tentando avistar os animais, mas as árvores e os arbustos que cercam o jardim não deixam. Só me chega o cheiro dos bichos trazido pelo ar carregado e pela marcha lenta do ônibus. Pelos, penas, cios, crias, excremento. E da água parada dos bebedouros e dos laguinhos artificiais.

6

Chego a Villa Ángela frustrada, cansada e suada. Mas é sábado. Só na segunda-feira é que vou fazer uma nova tentativa de me encontrar com Yogui Quevedo. Hoje é a última noite dos desfiles de Carnaval. Não sou uma entusiasta das *comparsas*, mas, se você está em Villa Ángela, General San Martín ou Quitilipi, é quase uma obrigação participar do Carnaval.

Deve estar fazendo uns quarenta graus ao luar no *corsódromo* que se ergue em frente à antiga estação de trem, hoje transformada em centro cultural. De um lado da rua estão montadas as arquibancadas. É o setor popular. Do outro lado há mesas e cadeiras de onde se pode assistir ao espetáculo com um pouco mais de conforto. Por ser a última noite de Carnaval, a entrada é gratuita. Mas para ficar nas mesas é preciso pagar um bom dinheiro e reservar com bastante antecedência. Estou entre os privilegiados que ocupam esse lado do *corsódromo*. Este ano ou esta última noite, não sei, não há serviço de garçons como nas outras vezes em que eu vim. Umas tábuas montadas sobre tambores de óleo nas ruas em volta fazem as vezes de barraquinhas de *choripán* e cerveja, servida em enormes copos de plástico onde cabe uma garrafa inteira. Não são muito práticos, porque é preciso muito equilíbrio para não derramar boa parte da bebida antes de chegar à mesa, e além disso a cerveja esquenta rápido. Mas é uma medida prudente: noite de Carnaval, corações inflamados, vidro à mão sempre pode terminar em tragédia.

Algumas cidades da província do Chaco, a exemplo de muitas em Corrientes e Entre Ríos, têm uma grande tradição de Carnaval no estilo carioca: grandes escolas, aqui chamadas *comparsas*, com passistas seminuas, adereços de plumas de pavão nas costas – as mais caras – e de plumas de avestruz tingidas, o resto. Alguém na minha mesa conta que as penas vêm da África. Fazem uma primeira escala no Brasil, onde são lavadas e tingidas de cores bonitas. Já tentaram fabricar plumas artificiais para baratear os custos, mas não deu certo. As plumas artificiais não tinham a graça e a leveza das verdadeiras. Além das plumas, milhões de lantejoulas e canutilhos costurados à mão nas fantasias e nas botas. As botas de todas as foliãs são fabricadas por um amigo meu. São de tecido resistente, com zíper e salto. Depois que as botas saem da sua fabriqueta, grupos de mulheres voluntárias (algumas foram passistas na juventude, outras nunca se aventuraram) se dedicam a bordá-las minuciosamente: dão os primeiros pontos nas primeiras tardes abafadas de outubro, sentadas à sombra das árvores, tomando tererés, e continuam assim, os olhos ofuscados pelo reflexo do sol contra as lantejoulas, até o final de janeiro.

Em Villa Ángela há duas *comparsas* clássicas, uma terceira um pouco mais nova e sempre uma quarta que desabrocha e murcha num único Carnaval. As duas divas que dividem a torcida são a Ara Sunú – a popular, a dos que estão do outro lado da passarela, a que tem as moças mais bonitas e também os melhores corpos masculinos, forjados pelo trabalho na construção e no desmatamento – e a Hawaianas – a chique, de moças mais claras e garotos de academia, e também a que tem a melhor bateria. Ara Sunú, em guarani, significa tempestade ou trovão. Hawaianas não tem nenhum significado oculto, mas sim uma particularidade: as pessoas do lugar pronunciam *aguaiana*, com extremo respeito ao H mudo e comendo o S final. Assim como acontece com os times de futebol, os villa-angelenses são torcedores fanáticos de uma ou de outra.

Esta noite estou numa mesa de devotos da Hawaianas, embora secretamente meu coração esteja com a Ara Sunú.

A terceira força já foi a da discórdia, pois nasceu de uma briga do casal que dirigia a Ara Sunú: separaram-se conjugalmente, e na partilha de bens o marido levou alguns poucos seguidores e formou essa outra *comparsa*, agora já consolidada, chamada Bahía. E a flor de um dia deste ano chama-se Samberos de Itá Verá, que desfilará por último, como corresponde aos novatos.

Ao contrário do que se vê no Carnaval carioca, nas *comparsas* não há um único travesti. Nesta cidade de descendentes de italianos das primeiras imigrações que povoaram o país e de outras mais recentes de europeus do Leste, o povo é conservador. Aqui, nem travestis nem homossexuais de qualquer espécie são vistos com bons olhos. Mas é inevitável que algumas bichas se infiltrem nas sagradas fileiras do Carnaval e aproveitem as quatro noites de folia para repicar seus saltos no concreto do *corsódromo*, exibindo seus volumes e rebolando as minúsculas sungas cintilantes ao som da batucada.

Passa a primeira *comparsa*, a Ara Sunú, e quando anunciam a segunda penso que é um bom momento para ir ao banheiro: nos intervalos é impossível.

Mesmo assim, há fila na frente dos dois primeiros banheiros químicos que encontro. Embora nenhum deles tenha uma placa indicando homens ou mulheres, as filas se formam conforme o gênero de quem está esperando. À minha frente, duas meninas de dez ou onze anos e uma terceira de cinco. Diante do cubículo ao lado, seis homens. Essa parte da rua está escura, e os banheiros foram instalados ao lado de uma construção. As meninas, a um passo da adolescência, vestidas com shortinhos e regatas que se espremem contra os bicos dos peitos que já começam a crescer, ensaiam passinhos no lugar, quebrando as munhecas como as garotas mais velhas que desfilam no *corsódromo*, criticam entre elas algum movimento e uma explica à outra como é que se faz. Alguns dos homens que esperam a vez no banheiro ficam olhando para elas. Seus olhares me incomodam, embora na penumbra eu não consiga distinguir de que jeito as olham. Quando a menor delas sai, ajeitando a calcinha rosa, uma das outras meninas me diz para passar na frente delas. Apesar de muito apertada, sorrio e respondo que não, que elas podem entrar, porque eu vou ficar vigiando a porta. Digo isso em voz mais alta, para que nossos vizinhos de banheiro me escutem bem. Nunca se sabe.

O resto da noite repetirá o mesmo esquema: desfile da *comparsa* com seus duzentos e poucos integrantes, intervalo com guerra de espuma, escapada ao banheiro e às barracas de comida, e assim até de madrugada.

Quando afinal vamos nos retirando rumo aos carros estacionados num terreno, uma voz ainda infantil me chama a atenção ao gritar: *cê num vai mi fudê, tá pensando o quê, preto viado, seu viado de merda*. Uma menina de uns doze anos, parecida com minhas companheiras de fila no banheiro, morena, magrinha, seguida por um séquito de molequinhos mais ou menos da sua idade, briga aos gritos com um grupinho de meninos. Embora seus rivais já estejam de boca fechada e recuando envergonhados com a boca suja da magrelinha, ela os segue para continuar gritando de tudo.

Uma molequinha carnavalesca encrenqueira. Uma menina sozinha numa noite de Carnaval.

Depois do almoço de domingo, Coco Valdez, meu sogro, me conta da vez que ele viu uma garota morta. Uma noite estavam jantando na casa dos pais da sua mulher, que tinham uma pousada em frente à estação de trem. Bateram, e ele saiu para ver quem era. Um rapaz conhecido, de sobrenome Lencina, perguntou se podiam lhe emprestar o telefone para ligar para a polícia. Claro, pode entrar, mas o que aconteceu? Num terreno baldio ali perto, Lencina tinha visto o corpo de uma mulher. Não podia dizer com certeza, pois era de noite, se bem que o luar estava claro, mas parecia estar morta, não teve coragem de tocar nela.

Esperaram na pousada, já fechada àquela hora, até a polícia chegar. O policial foi de bicicleta porque a viatura estava na oficina.

O senhor tem um veículo?, perguntou a Coco. Venha com a gente.

Lencina os guiou pelo descampado. À beira de uma trilha formada pela passagem das pessoas que sempre cortavam caminho por ali, no meio do mato, encontraram a garota. Quando o policial iluminou seu rosto com a lanterna, os três se entreolharam surpresos. Era uma Carahuni, filha de uma tradicional família do povoado, parente de Coco Carahuni, um famoso piloto de corridas. A moça tinha sido esfaqueada na barriga.

Valdez levou em sua caminhonete o cadáver da garota, o policial e Lencina, que de testemunha logo passou a suspeito, mas no dia seguinte foi liberado. O rapaz não tinha nada a ver com aquilo, só tivera o azar de passar pelo terreno baldio.

Passados quarenta anos, o crime da Carahuni continua sendo um mistério. Na época, pelo assassinato da garota, foi preso um sujeito de Rosario que tinha se mudado para Villa Ángela fazia alguns anos, mas nunca se descobriu o motivo. Parece que o homem depois ameaçou a própria mulher: se você não parar de me encher o saco, vou te fazer o mesmo que fiz com a Carahuni. E ela o denunciou à polícia.

Alguém lembra um caso mais recente, acontecido em 97, o de Andrea Strumberger, uma moça de dezesseis anos, estudante secundarista. Era evangélica e naquele domingo saiu de casa em sua mobilete para ir ao templo da Assembleia de Deus. Nunca chegou ao destino, e no dia seguinte acharam seu corpo num descampado. Tinha sido estuprada e espancada até a morte. Pelo crime foi detido o cunhado dela, um rosto conhecido por todos, pois era o parente que com mais ênfase exigia o esclarecimento do caso.

Na segunda-feira, volto a Sáenz Peña. Vou na marra, sem telefonar, sem combinar o local nem a hora. Chego de manhã. Seja como for, vou me encontrar com Yogui Quevedo e vamos conversar.

Não vai ser fácil. O homem bem-disposto com quem falei ao telefone alguns meses antes de repente se tornou esquivo.

Assim que chego, ligo para o seu celular. Nas primeiras tentativas, nada, cai direto na caixa postal.

A manhã avança, e estou no centro da cidade. Na visita anterior, eu a vi de dentro de um ônibus, primeiro, depois de dentro de um táxi, caminhei poucas quadras. Hoje tenho mais tempo, e como Yogui não me atende, caminho pelo calçadão, à procura de um bar. O calor aperta, e uma bebida gelada num lugar com ar-condicionado cairia bem. Esperar na sombra.

O calçadão da rua San Martín deve ter umas dez quadras, que percorro de cima a baixo olhando as vitrines. Não há bares. Na minha expedição só encontro um. Olho de fora e vejo várias mesas ocupadas, todas por homens de cinquenta anos para cima, bebendo uísque ou cerveja, fumando e falando alto. Penso que no meu percurso devo ter passado por mais de um, sem reparar, e volto a subir e a descer a rua. Nada, esse bar dos homens gritões parece ser o único. Pergunto num quiosque onde há um bar sossegado onde eu possa tomar um refrigerante. Me indicam uma sorveteria. Mas eu não quero sorvete, só uma bebida gelada. Isso, também é lá mesmo. Vou desconfiada, devem ter visto minha cara de forasteira e resolveram se divertir à minha custa. Mas não, o bar que eu estava procurando é mesmo uma sorveteria. Depois descubro que em Sáenz Peña quase não há bares. Os adolescentes e os jovens não costumam ir beber num bar, simplesmente estacionam seus carros, motos e caminhonetes na frente dos quiosques e bebem na calçada até que chega a hora de ir para a balada.

Na sorveteria peço uma Sprite, e me trazem uma garrafa de um litro, não vendem menores. Quase uma premonição, porque a espera vai ser longa. Depois de outras tentativas frustradas, finalmente alguém atende o celular do Yogui. Não é ele; outro homem me diz que sim, que é mesmo o telefone do Quevedo, mas que ele não pode atender porque está numa reunião, que é para eu voltar a ligar ao meio-dia.

Tiro da mochila um livro que me emprestaram. Chama-se *Veinticinco crímenes de la crónica policial saenzpeñense*, do historiador local Raúl López. Uma das histórias me atrai, a da polonesa e do paraguaio, datada da década de 50.

Rosa era filha de poloneses, atleta e balconista de uma loja, La Ideal, um daqueles velhos magazines que vendiam de tudo: roupas, sapatos, vestidos de noiva, cortes de tecidos, roupa íntima, para a dama, a criança e o cavalheiro. Como capitã do time feminino de vôlei, tinha ganhado uma porção de medalhas e troféus regionais e nacionais. Na foto que ilustra a crônica, ela aparece numa viagem com suas companheiras de equipe: era uma moça bonita, robusta e saudável. No mesmo clube da sua glória esportiva, ela conheceu aquele que seria primeiro seu namorado e depois seu assassino: Juan, um rapaz oriundo do Paraguai que começara a trabalhar no bar do clube. A atração foi imediata: ela, um pouco arisca e tímida; ele, arrebatador, insistente, pegajoso como o perfume das laranjeiras que cobrem as ruas do seu país. Começaram a namorar. Apesar da oposição dos pais, Rosa estava disposta a tudo, nunca tinha sentido tamanha paixão, nunca ninguém lhe sussurrara aquelas palavras doces ao ouvido, nunca se sentira tão mulher e tão desejada como sobre aquela cama de pensão onde ela se atracava com Juan sempre que conseguia escapar de casa.

Mas não se passou muito tempo para que seu namorado se mostrasse como era no fundo: um machão possessivo, ciumento, violento. Rosa, por mais apaixonada que estivesse, era uma mulher de caráter. A capitã da equipe feminina de vôlei pôde mais que a namorada sonhadora e deu um basta na relação. Claro que Juan não aceitou o rompimento. Depois das súplicas e juras apaixonadas, seguiram-se as ameaças. E uma carta que ele publicou no jornal do lugar contando até os mínimos detalhes das suas relações amorosas com a garota. Um equivalente aos vídeos que mais de cinquenta anos depois os amantes despeitados divulgam na internet: a exposição pública da intimidade de uma mulher. Rosa deve ter achado que ele não poderia ir além, que não havia nada pior para uma moça como ela, decente, trabalhadora, do que ser desnudada e violentada numa carta como aquela. Deve ter pensado que, depois de ela sobreviver ao escárnio público do ex-namorado, ele não teria mais armas para intimidá-la. Habituou-se a viver assediada: aonde quer que fosse, em algum momento topava com Juan. Ele, depois de abandonado, caíra na bebida e perdera o emprego. Portanto não só a perseguia, mas quando a encontrava a insultava aos brados, com palavras embrulhadas pelo vinho, sempre ofensivas.

Por precaução, ela procurava nunca andar sozinha. Todos os dias, a mãe a acompanhava até o trabalho e ia buscá-la na saída. Uma manhã, as duas iam de braços dados. A certa altura o viram numa esquina, mas já estavam acostumadas, portanto continuaram a caminhar, indiferentes, aprumadas, a passo rápido. Tão decididas a ignorá-lo que deve ter sido uma surpresa a mão no ombro de Rosa, por trás, virando-a, os olhos vermelhos de Juan como que voltando a suplicar, a mesma mão puxando-a contra ele e a outra fincando o punhal, ela tombando, os dois caindo na calçada, ele esfaqueando-a repetidas vezes, a mãe dela gritando, correndo em busca de ajuda. Rosa olhando-o fixo, ainda sem entender. Demorando para morrer. Ele em cima dela, enterrando a faca repetidas vezes. Ela embaixo dele como na cama da pensão. Ele todo manchado de sangue. Não suportando os olhos claros de Rosa fixos nos dele, Juan abriu sua garganta de lado a lado. Para em seguida enterrar o mesmo punhal em suas próprias entranhas. Os dois corpos ensanguentados na calçada, perto da loja.

Mais cedo, na minha caminhada, passei em frente à Casa de Cultura, um grande edifício antigo, restaurado. Uma placa informava que no passado ali funcionara o magazine La Ideal. Saio da sorveteria e caminho lentamente até lá. Em algum ponto dessa quadra, Rosa foi assassinada.

Meio-dia em ponto, volto a ligar para Yogui. Finalmente é ele quem atende. Digo que estou na cidade, que vim entrevistá-lo. Que tinha vindo no sábado, conforme combinamos, mas não consegui falar com ele, porque não atendeu às minhas ligações nem respondeu às minhas mensagens. Ele diz que passou a tarde toda num ato com o governador. Que podemos nos encontrar dali a meia hora na agência de viagens dos irmãos.

Estou a poucas quadras de lá, uns cinco minutos de caminhada, no máximo, portanto vou até a praça principal e me sento num banco para fazer hora.

Quando vai chegando o momento combinado e me aproximo do local, vejo dois homens batendo papo na calçada. Um deles deve ser o Yogui, penso, sem conseguir me decidir por nenhum dos dois, pela idade poderia ser qualquer um. Cumprimento e me apresento, e aí um deles, baixinho, moreno, de olhos grandes e amendoados, como de um cervo, me estende a mão. Pensei que você fosse uma senhora de idade, ele me diz sorrindo, levemente galanteador. Explica ao outro, que também me aperta a mão, que sou de Buenos Aires e que vou escrever um livro sobre a irmã dele. O homem assente e se despede. Yogui me convida a sentar no mesmo murinho onde estive sentada no sábado. Sinto o cimento quente através do brim da calça. Ele me conta que está esperando uma perua que vai chegar da Bolívia, com seus irmãos voltando de uma viagem. Digo que já sei, que falei com um deles ao telefone anteontem, que, quando não estava conseguindo encontrá-lo conforme o combinado, liguei para o celular que está anotado na lousa. Ele então me olha muito sério e me pergunta se cheguei a comentar com seu irmão qual era o assunto. Digo que sim. Ele balança a cabeça. Não, não, me diz, eles não querem saber de nada, o único que continua com tudo isso sou eu, que é melhor nos encontrarmos mais tarde, porque eles não vão gostar se, ao chegar, me virem aqui com ele, que além do mais precisa trabalhar, que trabalha com eles, comenta, como se minha presença ameaçasse sua fonte de trabalho.

Às cinco aqui mesmo, de tarde eu fico sozinho.

Quando acaba de dizer isso, estaciona uma Kombi branca, cheia de gente e de tralhas. O motorista desce, cumprimenta o irmão enquanto me olha de lado e segue reto até o escritório. Yogui não nos apresenta.

Até mais tarde, diz, agora não posso falar. E volta a me estender a mão.

Olho a hora no meu celular. Até as cinco, faltam quase cinco horas. Volto a percorrer o calçadão de ponta a ponta. Agora procuro um restaurante. Não há muitas opções. Acabo entrando em um que fica na esquina junto à praça, pois é mesmo na praça que devo passar as horas que faltam até as cinco.

Peço um sanduíche e uma água mineral. Assisto ao noticiário e cada vez que vou pegar o copo sinto no braço o puxão da toalha de plástico, grudenta. Os fregueses são poucos. Meus olhos passam da televisão para a janela, que estará mais animada do que a tela até a uma e quinze. Daí em diante, deserta, imóvel. A cidade parou e vai continuar assim até as cinco.

Já na praça, me largo num banco à sombra e tiro os tênis. Esfrego as solas dos pés na grama dura, cortada rente. Faz muito calor. Nem um pingo de vento. As únicas vivalmas que se veem por ali são um cinquentão de cabelo retinto com uma sacolinha de mão, um artesão que cochila estirado no chão com a cabeça apoiada em sua mochila, dois adolescentes que se beijam meio ocultos por uma árvore, e eu. Nem gente, nem carros, nem cachorros. Todo mundo enfurnado em casa, esperando o calorão amainar. Apurando o ouvido, acho que consigo escutar o rum-rum suave dos splits, o tutuque mecânico dos velhos ares-condicionados, o pá-pá-pá moroso dos ventiladores de teto. Me dá inveja. Eu devia ter procurado um hotel, mesmo que fosse só para passar as horas da sesta.

Ali em frente se ergue a catedral, magnífica. Quanto mais abandonado por Deus é o lugar, mais imponente o edifício em sua honra. No dia em que María Luisa desapareceu, a catedral e esta praça deviam estar lotadas de fiéis adorando a Imaculada Conceição. É capaz até de ela ter passado por aqui, despercebida entre a multidão, para deixar uma flor a Nossa Senhora. Do meu lugar na praça, observo que está fechada. É pena. Queria poder entrar ali: as igrejas são sempre fresquinhas.

Resolvo parar de olhar a hora. Toda vez que pego o telefone para ver que horas são, só se passaram uns poucos minutos. Ajusto o alarme para tocar às cinco para as cinco.

De repente os vejo aparecer num canto da praça. Não sei se são reais ou parte de um sonho. Ao longe são figuras difusas, seus contornos tremulam como numa miragem. Quando estão mais perto, percebo que são de verdade. Dois homens menonitas com macacão jeans, camisa xadrez arregaçada até o cotovelo, sapatos pretos de amarrar, chapéu branco e sacolas na mão. Atrás, agora que o grupo avança e entra no meu campo de visão, duas mulheres com vestido florido, avental e lenço azul cobrindo a cabeça. Uma delas traz um bebê no colo. Nos arredores há uma colônia menonita. Nas sacolas, devem carregar os queijos e outros produtos caseiros que fabricam e vêm vender na cidade.

Atravessam a rua, procurando o lado da sombra. Eu os vejo caminhar lentamente, também reféns da sesta. Param em frente à enorme vitrine de uma loja de eletrodomésticos e ficam olhando, como que compartilhando uma travessura, um pecado venial: encher os olhos por alguns instantes com aquelas invenções proibidas.

Faço como o artesão e me deito de costas sobre o banco, com a mochila embaixo da cabeça. Em algum momento devo ter adormecido, porque acordo em meio a um sonho em que milhares de cigarras cantam ao mesmo tempo. É o alarme do telefone vibrando dentro da mochila. São cinco para as cinco.

Levanto e calço os tênis. Aos poucos recomeça o movimento. A rua se enche de mobiletes. Surge um carro aqui, uma bicicleta ali, gente a pé. Às cinco, as lojas reabrem.

Passo por um posto de gasolina e peço as chaves do banheiro. Lavo o rosto, arrumo o cabelo, enfio um chiclete na boca. Sinto meu coração disparar. Finalmente, vou poder conversar com o irmão de María Luisa.

Mas não às cinco como combinamos. Yogui Quevedo ainda me faz esperar mais uma meia hora, eu lá de novo sentada no bendito muro.

Enquanto espero, tenho a impressão de que alguém me observa. Levanto a cabeça e olho em direção às grandes vidraças quebradas do prédio que se ergue dois andares acima do escritório dos Quevedo. Parece que vejo uma cortina se mexer. Fico um pouco inquieta. Escrevo uma mensagem para Yogui.

Ele responde que está a caminho. Tudo com letras maiúsculas, como se estivesse gritando, como se a distância que nos separa ainda fosse muito grande para que eu pudesse escutá-lo. E deve ser mesmo, porque ele ainda leva mais uns quinze minutos para chegar.

Finalmente eu o vejo aparecer na esquina e atravessar a rua, sorrindo. Estende a mão para mim. Está de banho recém-tomado, o cabelo preto e lustroso colado à cabeça, cheirando a certa loção pós-barba que me lembra a que meu pai usava. Não pede desculpas pelo atraso.

Saca uma chave e abre a porta. Entramos num escritório minúsculo, escuro e pobre. Deixa o envelope que traz na mão em cima de uma mesa de fórmica desconjuntada que faz as vezes de escrivaninha e diz para eu ficar à vontade. Sento numa das três cadeiras também de fórmica. Ele põe um ventilador junto à porta aberta. Observo. Na parede oposta há uma grande cômoda de algaroba com uma porção de garrafas de licor e uísque enfileiradas e cobertas de poeira. Eles devem comprar a bebida nessas viagens que fazem até a fronteira, com a intenção de revendê-la, e depois as garrafas encalhadas vão se acumulando ali. Além dessa mesa há outra menor, no fundo da sala, que serve de apoio para um fogareiro ligado a um botijão de gás. Ele o acende e põe para esquentar uma chaleira de água. Enquanto prepara o mate, falamos do tempo. No rádio anunciaram que vai chover de tardezinha, mas o céu está azul, sem uma nuvem.

Depois se aproxima da mesa com o mate pronto e se senta. Empurra o envelope na minha direção.

Isso é para você.

Olho para ele, olho para o envelope, mas não digo nada.

É uma foto da minha irmã.

Ainda não vi nenhuma foto de María Luisa. Só um retrato a lápis no jornal. Gostaria de saber como ela era realmente. O desenho que vi era tosco, parecia um daqueles retratos falados que fazem na polícia. Mas minhas mãos não respondem, e continuo fitando o envelope sem abri-lo, sem sequer tocá-lo.

É uma foto dela no necrotério, ele me diz por fim.

Sinto um vazio no estômago.

Não sei se você vai ter coragem de olhar. Comprei de um fotógrafo da polícia.

Não entendo por que alguém poderia querer uma foto dessas. Não chego a lhe perguntar, mas ele me conta: como aqui ninguém me dava bola, procurei uma revista de Buenos Aires, uma de casos policiais, acho que era a *Esto*. E aí, bom, sabe como são essas revistas, vão atrás do mórbido. E eu queria que o caso da minha irmã fosse conhecido no resto do país, para ver se aí faziam alguma coisa.

Sua explicação não me convence, mas pego o envelope e tiro a foto de um puxão, é uma cópia grande. Olho para ela por um instante. Coitadinha. Procuro dentro do envelope esperando que também tenha trazido uma foto de María Luisa viva. Mas é só essa mesmo. Ergo os olhos, e ele está me observando.

Viu como ela estava? Completamente desfigurada. Só consegui reconhecer o corpo por causa de uma cicatriz que ela tinha na perna, de uma vez que lhe atirei um toca-fitas.

Atirou nela um toca-fitas?

Pois é, no meio de uma briga. Bobagens de irmãos, sabe? Não era para pegar em cheio.

Gostaria de ver uma foto dela viva.

Não tenho. Chegaram a publicar uma no jornal, onde ela aparecia com a minha mãe e a minha cunhada, mas essa foto se perdeu.

O ventilador, perto da porta, só puxa o ar quente de fora e o joga em cima de nós. Estou toda suada e sinto um pouco de irritação e outro pouco de cansaço. Ou tristeza.

Aviso que o mate está morno. Talvez se voltarmos ao momento em que entramos, se ele puser de novo a chaleira no fogo e trocar a erva e voltar e se sentar, e se eu me esquecer do envelope com a foto, quem sabe assim possamos começar a entrevista.

Ele deixa a chaleira chiar e prepara o mate. Toma o primeiro e me passa o segundo.

Melhorou?

Faço que sim com a cabeça enquanto lhe digo que acho estranho ele não tomar tereré como todo mundo por aqui.

É que não temos geladeira.

Faz tempo que trabalha com os seus irmãos?

Trabalho e não trabalho, só dou uma mão para eles. Entrei num plano de demissão voluntária. Trabalhei muitos anos dirigindo um caminhão de lixo.

Pergunto se ele se lembra da última vez que viu a irmã, e me conta que foi no mesmo dia em que ela desapareceu, por volta das dez da manhã. Ele ia passando de ônibus, a caminho do seu trabalho na época, uma oficina de conserto de rádios; como era feriado, ou meio-feriado, foi mais tarde que de costume. Então a viu pela janela: ela estava na calçada da casa onde trabalhava como empregada, com uma sacola de compras na mão e falando com um rapaz de bicicleta, ela se apoiava no guidão e os dois batiam papo. O tal rapaz era Francisco Suárez, um empregado de Don Gómez, que Yogui conhecia de vista. Se não tivesse acontecido o que depois aconteceu, provavelmente teria esquecido esta cena: sua irmãzinha adolescente flertando com um rapaz na calçada. Se as coisas tivessem seguido seu curso, talvez ele só tivesse se lembrado disso para caçoar dela, como fazem os irmãos mais velhos com as irmãzinhas que começam a namorar.

Ela tinha namorado? Esse Suárez era seu namorado?

Não, não. Quer dizer, não que eu saiba...

Yogui era doze anos mais velho que María Luisa, portanto, pensando bem, é provável que não tenha sabido do namoro.

Explica que María Luisa não ia à escola e suas únicas amigas eram aquelas do bairro. Que era muito caseira. Esse era seu primeiro emprego.

No entanto, naquela semana curta e intensa que marcou sua saída de casa para começar a circular no mundo adulto, o mundo do trabalho fora de casa, María Luisa fez duas amigas: Norma Romero e Elena Taborda, duas moças um pouco mais velhas que ela e mais vividas. Quevedo lhes atribui a culpa de levá-la para o mau caminho. Como se a morte fosse um castigo por algo de errado que ela andava fazendo. Na versão dele, naquele dia, provavelmente o último na breve vida de María Luisa, ao sair do trabalho ela se encontrou com suas novas amigas, e elas a convidaram para passar a tarde em Villa Bermejito, um lugarejo às margens de um braço do rio Bermejo, com casas de fim de semana, a pouco mais de cem quilômetros de Sáenz Peña. Iriam com Francisco Suárez, Catalino Lencina e Jesús Gómez, que era o patrão dos dois.

Foi isso que as garotas declararam no primeiro interrogatório, e seu testemunho foi confirmado pelo frentista de um posto de gasolina que afirmou ter abastecido um carro ocupado por Don Gómez, dois rapazes e três garotas. Mas Norma e Elena, diante do juiz, desmentiriam tudo o que haviam declarado à polícia e apresentariam uma denúncia por coerção ilegal, mostrando as marcas dos golpes que teriam recebido quando as obrigaram a prestar falso testemunho.

O juiz responsável, Oscar Sudría, acredita que a chave do caso está com as duas. Tem certeza de que as garotas (e o assassino – ou os assassinos) são as únicas pessoas que podem dizer o que aconteceu exatamente naquele 8 de dezembro.

Ao longo dos vinte anos que levou para encerrar o caso, ele as convocou várias vezes para depor. Não era nada simples, porque pouco depois do crime as garotas se mudaram de Sáenz Peña e nunca ficavam por muito tempo no mesmo lugar. Então, a cada dois ou três anos, primeiro precisava descobrir onde elas estavam, depois trazê-las. Sempre as intimava a depor nos finais de semana, e nunca com policiais por perto, porque, depois da coerção ilegal denunciada durante o inquérito de 1983, se havia algo em que elas não confiavam era na polícia. Com o passar dos anos, viu as garotas virarem mulheres adultas, terem filhos. Mas nunca conseguiu extrair delas uma única palavra.

O frentista, quando foi novamente chamado a depor, também alterou seu testemunho: nunca tinha visto Don Gómez e María Luisa juntos.

Quevedo sustenta que todos mentem, que essas testemunhas-chave para a elucidação do estupro e assassinato da sua irmã foram compradas com a enorme fortuna de Gómez, que o próprio Quevedo continua a chamar de Don Gómez, como se lhe inspirasse um estranho temor ou respeito.

A entrevista é interrompida pelo toque do seu celular. Ele atende e começa uma conversa meio aos gritos, o sinal está ruim, é uma ligação de Buenos Aires.

O interlocutor é um assessor do deputado chaquenho Antonio Morante. Conversam um pouco. Quevedo fala de mim, me passa o celular, o assessor e eu nos cumprimentamos, ele me diz alguma coisa sobre um projeto que vão apresentar na Câmara, trocamos nossos endereços de e-mail. Devolvo o aparelho para Yogui, que lhe diz mais algumas palavras e desliga. Está contente. Como a ligação não estava boa, não cheguei a entender muito bem que projeto era aquele que planejam entregar à Honorável Câmara de Deputados da Nação.

É para pedir a reabertura do caso?, pergunto a Yogui.

Não. É para manifestar repúdio pela falta de justiça no caso da minha irmãzinha.

Ah, digo, desapontada.

De repente, a chuva desaba. O rádio tinha mesmo razão.

7

Vou várias vezes à casa da Senhora. Aquele pano verde dobrado ao meio que estava sobre a mesinha de centro da primeira vez está sempre lá. Dentro dele, a Senhora guarda o maço de cartas de tarô. Toda vez ela abre o pano com muito cuidado, como se descobrisse uma criança que está dormindo. Pede para eu cortar o maço em três. Depois, para eu embaralhar as cartas, mexendo em círculos, sete vezes, com a mão direita. Volta a empilhá-las e, sobre o maço que acabei de embaralhar, damos as mãos e dizemos em voz alta o nome e o sobrenome da garota por quem vamos perguntar. Em seguida ela tira as cartas e vai pondo uma por uma sobre o pano. Vejo as figuras ao contrário. Não faz diferença, porque não sei o que significam.

Às vezes, as garotas se adiantam às cartas.

Uma tarde, a Senhora diz que está com falta de ar e leva uma das mãos à garganta. Fica assim, de olhos fechados. Eu fico quieta. Não há nada que eu possa fazer além de esperar que isso que está lhe acontecendo deixe de acontecer. Quando ela se recompõe, abre a boca e toma fôlego, seus olhos brilham.

Eu não conseguia respirar, estava sufocando, foi tão vívido. A pressão aqui e uma dor aqui, diz apontando primeiro o pescoço e depois entre as pernas.

É María Luisa, estrangulada e violentada.

Coitadinha. Foi arrancada como um junquinho. Era tão pequena ainda, estava tão pouco agarrada à vida. Como os juncos que crescem à beira das lagoas, diz.

Lembro as fotos que vi de María Luisa. Aquela que seu irmão me mostrou do corpo no necrotério, inchado, enlameado, com partes do rosto comidas pelos pássaros. E mais duas que vi nos arquivos do processo.

Uma delas também é do seu corpo, mas no local onde foi encontrada. É uma foto em preto e branco, tirada a certa distância. Mostra o corpo de uma mulher boiando na água. Me lembra o quadro de John Millais, aquele da Ofélia morta. Assim como o personagem de *Hamlet*, María Luisa jaz de barriga para cima. Assim como no quadro, as folhas planas dos juncos se inclinam sobre a lagoa, a superfície está coberta de pequenas plantas aquáticas. Não são aquelas flores lilás que a rainha Gertrudes chama dedos de morto, que Ofélia entrelaçava em suas grinaldas, mas aquelas conhecidas como lentilhas-d'água. Uma árvore, que não é o salgueiro de onde caiu a pequena Ofélia, mas uma de copa atarracada, lança sua sombra sobre o corpo de María Luisa. A morte, para as duas, cheia de angústias.

A outra é uma foto colorida, e María Luisa está viva. É uma foto de família, de mulheres. Talvez tenha sido tirada em algum aniversário. À esquerda, a irmã caçula, ao lado dela, a mãe com um vestido domingueiro, depois uma das cunhadas com uma menininha no colo e, por fim, María Luisa. Todas, inclusive a criança, olham para a câmera sorrindo. Mas ela não. Vestida com uma regata branca que se destaca sobre a pele morena, não sorri. Abaixo da franja cerrada, seus olhos grandes estão sérios e se desviam para um lado e meio que para baixo. Parece triste.

María Luisa não foi forçada, ela foi porque quis àquele passeio, ou seja lá o que fosse. Talvez convidada por aquele rapaz com quem o irmão a viu, talvez já estivessem namorando ou ela estivesse apaixonada por ele, ou foram as amigas que a convenceram. Mas não foi um sequestro. Ela foi porque quis. Depois, por alguma razão, tudo desandou. Ela não está com raiva.

Acho que ainda não entendeu o que aconteceu. Ainda era uma menininha. Para ela, tudo era novidade: o novo emprego, as novas amigas, aquele rapaz...

Eu acho que o que nós precisamos é reconstruir o jeito como o mundo olhava para elas. Se conseguirmos saber como elas eram vistas, como eram olhadas, vamos saber qual era o olhar que elas tinham sobre o mundo, entende?

Começar a trabalhar na adolescência ou até na infância era bem comum nas cidades do interior, pelo menos até a década de 80. E para isso não era necessário vir de uma família muito pobre. As filhas de famílias de trabalhadores em que as mães realizavam tarefas de dona de casa eram mandadas para trabalhar, desde pequenas, pelas próprias mães.

Minha melhor amiga daquele tempo trabalhava como babá desde os dez anos, quando era só um pouco mais velha que as crianças de quem cuidava. Minha mãe também tinha trabalhado desde pequena e por isso não quis que fizéssemos o mesmo. Estranhamente, eu sentia um pouco de inveja da minha amiga: ela recebia um salário, mirrado, mas era um salário, portanto tinha seu próprio dinheiro; tinha responsabilidades, passava muitas horas do dia fora de casa e além disso ia à escola e tirava boas notas, como eu. Aos meus olhos, minha amiga era superior, era uma menina desenvolta, vivida.

Só que meu olhar não era compartilhado pelo resto das minhas colegas. Para elas, minha amiga não estava à nossa altura: ela precisava trabalhar, nós não. Se bem que a máxima aspiração daquelas meninas era terminar a escola normal e casar com um homem bom e trabalhador.

Andrea também não teve que sair para trabalhar desde pequena. A única pessoa da família que trabalhava fora era seu pai. Num frigorífico. Ela podia estudar porque seu namorado lhe pagava os estudos. Se ele não tivesse aparecido, talvez acabasse sendo funcionária do Vizental, assim como a maioria dos jovens de San José, que ao terminar o ensino médio, ou às vezes até antes, já logo se cadastravam na empresa e ficavam à espera de que os chamassem. Operária ou secretária. Andrea, por ser bonita, teria conseguido um emprego na administração. Bem-vestidas, bem penteadas, sempre cheirando gostoso mesmo em meio à nuvem negra e fedorenta de carne fervida, as secretárias batiam à máquina, faziam contas na calculadora e caminhavam pelos corredores, rapidinho, com os braços carregados de pastas e as pernas bem juntinhas, o andar elegante. Devoradas pelos olhos dos operários que, enquanto serravam cascos, rabos e cabeças e separavam o couro da carne, sentindo-se tourinhos, sonhariam em cobrir as secretárias como vacas.

Se Andrea alguma vez chegou a avaliar essa possibilidade, certamente não foi com entusiasmo. A lembrança do pai voltando à noite do matadouro, fedendo a sangue e cloro, deve ter embrulhado seu estômago.

Sarita também trabalhou desde pequena. Ela não tinha opção, porque sua família era muito pobre. Seu último emprego antes de se casar foi como faxineira na casa de um médico. Ali a tratavam bem, quase como uma filha, e a incentivavam a estudar. Mas acabou engravidando e se casou. Era bonita demais para que o marido a mandasse trabalhar de novo como doméstica. Tanta beleza desperdiçada entre produtos de limpeza. Por isso ele a mandou se prostituir.

Andrea queria outra coisa, disse a Senhora. Não é verdade que sonhasse em se casar, ter filhos e virar professora. Se não a assassinassem, Andrea teria sumido dali. Ela queria ir embora. Não via futuro naquilo que a rodeava.

Nas cartas de tarô aparece um amante, um homem mais velho. No processo, também.

Eu o conheci. Vivia a poucas quadras da minha casa na época do crime. Mas já o conhecia de antes. Chamava-se Pepe Durand. Era motorista da viação El Directo. A empresa fazia viagens curtas do meu povoado a povoados e cidades vizinhas. Às vezes, quando eu ia à chácara dos meus avós, pegava um ônibus com minhas tias, e era ele quem dirigia. Era um cara atraente. Pelo menos minhas tias achavam, principalmente a mais nova, que me instalava num banco com as sacolas e ia conversar com o motorista durante todo o trajeto. Em pé, apoiada no encosto do seu banco, os dois ficavam batendo papo, e ela ria alto, uma risada aguda como o relincho de uma potranca. Às vezes também lhe preparava mate. Não sei se chegaram a ter um caso, mas tenho certeza de que minha tia sentia atração pelo tal Pepe.

Apesar do sucesso que fazia entre as mulheres – às vezes eu viajava sozinha ou com meus pais, sem nenhuma das minhas tias, e sempre havia outra moça postada atrás do seu banco de motorista, também rindo alto –, Pepe era um sujeito seco, pouco sociável.

As pessoas comentavam que ele era esquisito, dando à palavra aquela inflexão que usavam quando queriam dizer que alguém era fruta bichada. De vez em quando ele aparecia no boteco, um bar chamado El Ombú. Os botecos eram os locais de reunião dos homens de classe média baixa que não podiam ir se embebedar no Jockey Club, como os profissionais liberais e os filhos de boa família. Segundo os frequentadores de El Ombú, quando Pepe ia ao bar não se misturava com ninguém, bebia sozinho assistindo a algum jogo que estivesse passando na televisão. Não entrava nas discussões de política, futebol e mulheres. Quando alguém tentava incluí-lo, só assentia lá do seu canto, sem abrir a boca. Um cara esquisito. Fruta bichada.

Quando se mudou para perto da minha casa, trouxe junto uma mulher bem mais nova do que ele, que na época devia rondar os quarenta anos. Ninguém sabia nada dessa moça, porque não era do povoado e não se dava com ninguém. O casal distante era o tema preferido das fofocas do bairro. E quando ligaram o nome dele ao assassinato de Andrea, os mexericos se multiplicaram feito moscas numa carcaça.

Pepe dirigia o ônibus que os estudantes de Villa Elisa, Colón e San José pegavam para ir a Concepción del Uruguay, onde assistiam aos cursos técnicos e universitários oferecidos nessa cidade. Andrea era uma das estudantes que todos os dias viajava em El Directo.

No processo, alguns companheiros de viagem declararam que existia uma relação amorosa entre o motorista e a garota, que quando todo mundo descia na rodoviária ela ficava no carro com ele; que mais de uma vez viram os dois jantando sozinhos numa lanchonete da redondeza. A dona de uma pensão próxima da rodoviária também disse que ele costumava alugar um quarto lá e que o viu entrar com a moça assassinada. E uma colega de curso afirmou que naquele ano ele chegou até a aparecer na escola uma noite. Estavam assistindo a uma aula, e ele a chamou do pátio. Andrea saiu e conversaram um pouco, e quando ela voltou a garota lhe perguntou se tinha acontecido alguma coisa na sua casa, para que seu pai a procurasse lá. Andrea respondeu que nada, que aquele homem não era seu pai, mas um amigo.

Chamado a depor, Pepe negou qualquer relação com ela para além das viagens. Só a conhecia de vista, como à maioria dos estudantes que ele levava e trazia, podia até ser que alguma vez tivessem trocado umas palavras ou ela tivesse pedido emprestado os apetrechos para o mate. Mais nada. Disse que na noite do crime tinha saído para caminhar com a mulher, que como fazia muito calor ficaram um bom tempo sentados na praça e que voltaram para casa quando começou a se armar um temporal. Ela nunca o desmentiu.

Ainda assim, por muito tempo a polícia ficou de olho nele. Nos meses que se seguiram ao crime, cansei de ver a viatura do distrito rondando devagar pelas ruas de terra do meu bairro. Todo mundo sabia que era para vigiá-lo.

Ele não matou a Andrea. Estava apaixonado por ela, disse a Senhora. Em certas culturas da Antiguidade, acreditava-se que a alma vivia nos olhos, sabe? Aí os amantes trocavam as almas através do olhar: eu te dava minha alma, você me dava a sua. Mas quando um deixava de amar o outro, recuperava a própria alma e também ficava com a do amante. Quando um dos dois morre, deve acontecer algo parecido. A Andrea também levou a alma do Pepe.

Ele declarou que tomou conhecimento da morte de Andrea, assim como a maioria das pessoas, pelo rádio, naquele dia, fazendo a viagem Villa Elisa-Concepción del Uruguay das sete da manhã. Deve ser muito triste ficar sabendo desse jeito que uma pessoa querida morreu, ter que continuar dirigindo o ônibus como se essa notícia, a última que se quer escutar, fosse mais uma entre tantas desgraças diárias que sempre acontecem com os outros.

Faz uns dois anos, Pepe amanheceu enforcado. Pendurou-se de uma viga do telhado da sua casa.

8

A mãe de Andrea se chamava Gloria e, junto com o marido, foi considerada suspeita pelo assassinato. Declarou ter encontrado o corpo da filha ao acordar com um barulho, um grito ou um mau pressentimento, não sabia ao certo. Ela mesma tinha fechado a janela do quarto que dava para o quintal pouco antes de voltar e encontrar a filha apunhalada. A porta da cozinha também estava fechada. A casa era pequena, apenas três cômodos, todos interligados por portas.

Encontraram sangue em sua roupa, do mesmo grupo sanguíneo de Andrea, mas ela garantiu que em nenhum momento havia tocado no corpo da filha. Nem para tentar reanimá-la, nem para lhe dar um último abraço quando constataram que estava morta. O sangue em sua roupa, disse, teria passado da roupa do marido, que ficara, ele sim, com a camisa ensanguentada porque tivera, ele sim, contato com o cadáver. O casal se abraçou para se consolar.

Quem a conheceu lembra que era uma mulher distante, meio indiferente, esquisita. Na época do crime, Gloria tinha quarenta e seis anos, a mesma idade que Andrea teria agora. Era dona de casa.

Logo depois de encontrarem a filha ensanguentada em sua cama, o pai e um vizinho foram chamar o médico da família, o dr. Raúl Favre. Quando o médico entrou no quarto, Gloria estava sentada na cama ao lado, com as mãos cruzadas sobre o regaço, fitando o vazio. Como uma autista, ele disse. E segundo testemunhas próximas, permaneceu assim o resto da madrugada, no velório, quando lhes devolveram o corpo, e nas semanas seguintes à morte da filha. Como que anestesiada.

Lembro que na época se comentava que, um dia depois do crime, Gloria foi ao cabeleireiro. Essa imagem horrorizava a todos: uma mãe a quem aconteceu o pior que pode acontecer a uma mãe sentando-se na cadeira do salão de beleza. Esse gesto, que também poderia ser entendido como uma tentativa de se distrair do pesadelo que estava vivendo, foi logo interpretado como um sinal de culpa.

De uma mãe que tem a filha assassinada esperamos, ao que parece, que arranque os cabelos, que chore desesperadamente, que agite o punho em riste pedindo vingança. Não suportamos a calma. Não perdoamos a resignação.

No ano passado assassinaram Ángeles Rawson, uma menina de dezesseis anos, no bairro de Colegiales, na Capital Federal. Ángeles ficou desaparecida por quase vinte e quatro horas, e seu corpo foi encontrado na esteira de transporte de uma estação de tratamento de lixo, a vários quilômetros da capital. Quando soube da notícia, a mãe de Ángeles declarou: nenhum ser humano é menos importante que o pior ato que ele tenha realizado, e foi duramente criticada por essas palavras. Tampouco aceitamos a piedade de uma mãe.

Gloria, além de assassinar a própria filha, ou pelo menos participar do assassinato e de seu acobertamento, e de ir ao cabeleireiro, é acusada de não comparecer a nenhuma das marchas convocadas para pedir justiça por Andrea, de não assistir a nenhuma das missas organizadas em sua memória, de não mexer um dedo para que o caso fosse esclarecido, de repetir sempre a mesma fala em todos os interrogatórios, sem mudar um ponto ou uma vírgula, como se recitasse um script.

Sobreviveu à filha por vinte e quatro anos. Curiosamente, as duas morreram na mesma data, um 16 de novembro.

O pai de Andrea sempre aparece no lado da violência, explica a Senhora, dispondo as cartas sobre a mesa repetidas vezes. Você tem certeza de que ele era o pai verdadeiro?

Àquela altura, eu acreditava que sim. Mas algum tempo depois soube de um boato segundo o qual Gloria havia namorado um rapaz do campo que morreu num acidente de moto. Quando ela descobriu que estava grávida, se casou com outro pretendente, Eymar Danne, que, sabendo ou não, acabou virando o pai de Andrea.

Não há provas de que isso seja verdade, mas, se for mesmo, penso, que destino: pai e filha mortos violentamente sendo tão jovens.

Eymar Danne trabalhava num frigorífico e em suas horas vagas gostava de fabricar facas. Por toda a casa havia facas confeccionadas por ele. Muitas facas. Mas, depois da noite do crime, faltava uma. Talvez a mesma que usaram para apunhalar Andrea.

A mãe de María Luisa também morreu faz vários anos. A única que ainda vive é Sara Páez de Mundín, a mãe de Sarita. Continua morando na cidade de Villa María, província de Córdoba, num bairro humilde da periferia. Vou visitá-la um domingo de inverno, nublado e frio. Ninguém nas ruas, nem crianças jogando bola, nem cachorros correndo atrás do táxi em que vou chegando. Só um vento doido que forma redemoinhos com a terra solta da rua.

O taxista me deixa em frente a uma casa que não tem uma única planta do lado de fora. A terra seca se estende da rua até a entrada. Sara me abre a porta. É uma dessas mulheres cuja idade é difícil adivinhar. Tem o cabelo curto, crespo, escuro e com uns poucos fios brancos. O rosto vincado de rugas. Uma aparência masculina. Vê-se que é uma mulher sofrida, dessas a quem a vida e o azar nunca dão uma trégua.

Entramos numa sala onde há apenas um fogão a gás. Está quente por causa do forno aceso. Há um cheiro de empanadas assando. Ela me conta que prepara os salgados por encomenda porque precisa do dinheiro para viajar até a cidade de Córdoba, onde seu marido está internado. Vamos para outro cômodo onde há uma mesa com três cadeiras, uma cômoda e uma cama de casal. Eu me sento à mesa, e Sara escolhe os pés da sua cama.

Ela chegou a Villa María de madrugada e de noite vai voltar para o hospital em Córdoba, para cuidar do marido, que pelo jeito está muito mal. Ela também não anda bem de saúde.

Poucos meses antes do desaparecimento de Sarita, Sara perdeu outro filho. Ela diz me mataram outro filho, quando na verdade o rapazinho morreu jogando bola, de um ataque do coração. Diz que o obrigaram a jogar, que ele sabia que não podia por causa do seu problema de saúde, por isso não morreu: eles o mataram. E poucos meses depois de Sarita, ela perdeu uma neta, a menina que sua outra filha, Mirta, estava esperando.

Vou chamar a Mirta, que mora aqui atrás, diz e sai do quarto.

Fico sozinha. Por uma janela pequena entra a luz embaçada da manhã. O quarto está iluminado por uma lampadazinha amarela que pende do teto. Não há muito para ver nas paredes nuas de quadros. Por isso chama a atenção uma foto na cabeceira da cama, nesse lugar onde outras pessoas penduram um crucifixo. Vou olhar de perto. Com certeza é a Sarita. De chanelzinho curto, bem anos 80, brincos vermelhos de plástico e uma malha preta com arabescos fúcsia. Uma beleza serena que encara a câmera e mal sorri.

Continuo olhando o retrato, quando escuto a voz de Sara, já de volta.

Essa era minha filha e esta aqui é a minha outra filha, Mirta.

Mirta e eu nos cumprimentamos. Ela também é uma mulher bonita, mas de uma beleza mais dura, mais selvagem, com o cabelo comprido e retinto, os olhos grandes, escuros.

As duas se sentam, de novo, aos pés da cama.

A Sarita era uma filha muito boa, vivia me ajudando. Se visse que o meu tênis estava furado, não dizia nada, ia até a loja e me comprava outro par. Nunca deixava faltar nada para mim. E quando saí do hospital, poucos dias antes de ela desaparecer, me levou ao apartamento onde morava com o filhinho e com a Mirta, para cuidar de mim até que eu pudesse me virar sozinha.

Sara não se lembra muito bem do último dia em que Sarita foi vista. Como tinha acabado de ser operada, estava tomando muitos remédios, por isso andava meio zonza. Lembra que quando a filha foi se despedir dela na cama, estava com uma toalha na mão. Que no dia seguinte Mirta lhe avisou que Sarita não tinha voltado, que ficou preocupada, mas não podia se levantar para procurar por ela. Que Mirta e uns amigos cuidaram de ir à polícia e fazer o boletim de ocorrência. Depois de umas semanas, como Sarita não aparecia, tiveram que deixar o apartamento que Dady Olivero, seu amante, bancava para ela.

Como ele era a última pessoa com quem a viram, foi a primeira que Mirta procurou, para lhe perguntar o que tinha feito com sua irmã. Olivero disse que, depois de dar uma volta de carro, ele a deixou perto da rodoviária. Elas perguntaram em todas as bilheterias, aos carregadores e aos taxistas, mas ninguém tinha visto Sarita.

Nove meses mais tarde, no final de dezembro de 1988, apareceram os restos de uma mulher às margens do rio Ctalamochita. Mirta foi reconhecê-los no necrotério.

Disseram que aqueles ossos eram da Sarita, uma porção de ossos limpos. Pegavam um e me mostravam. Olha: são ossos compridos, de uma mulher alta. De uma caixa, tiraram uma caveira com uns tufos de cabelo no cocuruto. Abriram a mandíbula e me mostraram os dentes obturados. A Sarita tinha umas restaurações, mas eu sei lá, tanto podia ser ela como podia ser outra mulher. Para mim, aquilo que me mostravam não passava de um monte de ossos.

No processo, o aparecimento desses restos é descrito da seguinte maneira:

A ossada foi encontrada num extremo da ilha, na paragem de La Herradura, numa ramada produzida pela cheia do rio Ctalamochita, formada por uma árvore caída e um emaranhado de galhos e troncos, bem como de resíduos arrastados pela água (frascos, pedaços de isopor). Os restos se encontravam em posição transversal em relação ao leito do rio, em decúbito dorsal, com a porção inferior voltada para a margem, a porção direita contra a correnteza e o flanco esquerdo a favor da mesma. A ossada encontrava-se mais desmanchada em sua porção direita que na esquerda, e seu crânio, mais na porção posterior que na anterior. Apresentava roupas femininas: calcinha, sutiã, saia e restos de um suéter.

Os restos de roupas que me mostraram eram trapos podres, lembra Mirta, só olhando aquilo eu não podia dizer se eram ou não eram as roupas que a Sarita estava vestindo naquela tarde. Também ali perto acharam um cordãozinho parecido com o que a minha irmã usava. Para terminar, um dentista que disse ter tratado dela fez o reconhecimento pela arcada dentária.

Sara nunca acreditou que aquele esqueleto fosse da filha. Sempre achou que Dady Olivero era o responsável pelo desaparecimento de Sarita. Quando encontraram aqueles restos, Olivero ficou preso por alguns meses. Contradizendo o depoimento de Mirta, declarou que não estivera com Sarita no dia em que ela desapareceu, que não a levara a nenhum passeio, que sua relação com a moça terminara meses antes e que uma vez a escutara dizer: Cara, eu me meti em cada encrenca que às vezes me dá vontade de sumir. Afirmou que entre março e abril daquele ano esteve com a família na cidade de Salta, onde sua mulher tem parentes. Ele planejava instalar açougues por lá e viajou para montar o negócio. A mulher de Olivero confirmou seu álibi.

Como nunca foi possível determinar de que maneira Sarita foi morta, o único suspeito por seu desaparecimento acabou inocentado.

Passados dez anos, Sara tomou conhecimento de uma nova técnica que permitia reconhecer a identidade de restos humanos, mesmo que fossem apenas ossos: o exame de DNA. Moveu céus e terra até conseguir a exumação judicial dos restos de Sarita, sepultados num nicho do cemitério junto ao irmão e à sobrinha, para submetê-los àquele exame. Dela, colheram sangue. O resultado deu negativo. Repetiram os exames, e o resultado foi de novo negativo.

Pouco tempo depois, seu cunhado recebeu um telefonema misterioso avisando que Sarita estava num prostíbulo de Valladolid, Espanha.

Eu acho que o Olivero vendeu a minha filha para uma rede de tráfico de mulheres, para se livrar dela, disse Sara.

Mirta, por seu lado, faz que não com a cabeça.

Se a minha irmã estivesse viva, teria voltado. Não sei como, mas mesmo sequestrada teria dado um jeito de fugir e voltar. Não teria nos abandonado. Não teria largado o filho. Esses ossos não são dela, mas a minha irmã também está morta.

Mirta diz *também*, e só então percebo que há outra mulher morta que ninguém reclama ou pela qual a família ainda está procurando: aquela trouxinha de ossos sepultados com o nome de Sarita.

Germán, o filho de Sarita Mundín, já é um homem e teve seus próprios filhos. A avó e a tia têm orgulho dele, de terem conseguido que ele estudasse e terminasse o ensino médio. Pena que não deu sorte e se casou com uma vadia, diz Sara, uma moça que o largou para fugir com outro. Ele nunca pergunta pela mãe nem a menciona.

Nisso ele puxou a mim, diz Mirta. Somos reservados. No meu trabalho, ninguém sabe que ela é minha irmã. De vez em quando ainda sai alguma coisa no jornal, um quadro lembrando o caso dela, porque é muito conhecido, foi muito falado. Mas se alguém me pergunta se ela é minha parente, digo que não. Não quero que saibam que é minha irmã, não quero que fiquem me perguntando coisas. A minha dor é minha e não quero dividir com ninguém. A única pessoa que continua se envolvendo é ela, minha mãe.

Dois anos depois dessa conversa, fiquei sabendo que Germán está preso, no Estabelecimento Penitenciário nº 5 de Villa María, por posse de drogas.

No tarô nunca aparece nem rastro de Sarita, viva ou morta. É a única das três que nunca fala. A Senhora diz sentir que Sarita está viva ou, pelo menos, que esteve até há pouco tempo.

Além do resultado negativo do exame de DNA, a mãe apela a um argumento quase esotérico para dizer que Sarita ainda está viva: nunca sonhou com ela. Eu gostaria de sentir o seu toque de novo, ouvir a sua voz que já não lembro, mesmo que fosse em sonhos. Mas por outro lado fico pensando que, se nunca sonhei com ela, é porque continua viva. Se estivesse morta, teria voltado em sonhos para se despedir.

Quando saio da casa de Sara, a tarde continua fria, escura e deserta. O taxista me espera estacionado em frente à casa. Está escutando um jogo no rádio. A transmissão é interrompida de quando em quando pelo chiado do rádio, a voz da moça que, da central, repete endereços e nomes de clientes.

Em Villa María, desde 1977, se contabilizam mais de vinte crimes impunes. No ano de 2002, como resposta ao feminicídio de Mariela "La Condorito" López, formou-se a Asociación Verdad y Justicia, que depois passou a se chamar Verdad Real, Justicia Para Todos.

La Condorito era uma prostituta com deficiência mental que apareceu degolada e envolta numa manta, num terreno baldio da cidade. Era ligada à Congregação das Irmãs Adoradoras, que tinham um programa para tirar as garotas das ruas e ensinar-lhes uma profissão. As freiras ofereciam proteção às prostitutas, e La Condorito era uma velha conhecida do convento. Quando foi assassinada, as irmãs Beatriz e Albeana decidiram que era preciso fazer alguma coisa, que sua congregação e toda a comunidade de Villa María deviam reagir. Fundaram a entidade para promover a conscientização e para que as famílias das vítimas recebessem algum apoio.

Antes de La Condorito, a taxista Mónica Leocato apareceu estuprada e estrangulada em seu carro, numa estrada rural, aparentemente por um passageiro. Um crime brutal que continua impune. E alguns anos depois, em 2005, desapareceu Mariela Bessonart. A última pessoa que a viu e o único suspeito pelo seu desaparecimento é o ex-marido e pai dos seus filhos.

9

O dr. Raúl Favre era o médico da família Danne. Não estranhou quando bateram à sua porta depois da uma da manhã. Os médicos do interior estão acostumados a que seus pacientes os procurem em casa a qualquer hora. Quando abriu, deparou com Eymar Danne e outro homem que lhe foi apresentado como sendo um vizinho. Danne lhe disse que estava acontecendo alguma coisa com sua filha Andrea, que precisava ir vê-la imediatamente. Como ainda chovia, Favre resolveu ir de carro, caso tivesse que levar a garota ao hospital ou fazer algum trâmite.

Quando entrou no quarto, viu a moça deitada em sua cama, com um grande coágulo no peito e sangue ao lado da cama, no chão. A mãe estava sentada na cama ao lado, como que ausente, e mal pareceu notar sua chegada. Danne, ao contrário, estava muito agitado e lhe perguntou várias vezes se sua filha estava morta.

Está morta? Está morta? Está morta?

Sim, está morta.

Bom, tudo bem, já está morta, já não há nada a fazer; foi o que o médico declarou ter ouvido o pai dizer.

Vendo que ele também não podia fazer nada pela moça, o doutor se ofereceu para ir chamar a polícia. Não tinham telefone em casa.

Aquela foi uma longa madrugada durante a qual parentes, amigos e curiosos desfilaram pelo quarto de Andrea para vê-la estirada e ensanguentada em sua cama.

O baile do Clube Santa Rosa virou o foco de irradiação da notícia. Era lá que Fabiana Danne estava, com umas amigas. Foi lá que seu irmão a procurou para lhe dizer que voltasse para casa, que Andrea tinha sofrido um acidente. Com Fabiana vieram também alguns amigos, e atrás deles alguns conhecidos. E parentes que moravam no mesmo quarteirão, como a avó, uma tia, uns primos. Mais tarde, o namorado e os pais do namorado.

Todos entrando e saindo daquele quarto. Os mais impressionáveis, bisolhando da porta.

Um assassinato ocorrido na intimidade de uma casa de família, mas que teve a mesma exposição que uma morte na rua.

A certa altura era tanta gente dentro da casa que a polícia resolveu remover o corpo e levá-lo ao necrotério, sem esperar a chegada do único fotógrafo da região, conhecido como El León Gris, que além da coluna social fazia o registro fotográfico de desastres, acidentes e, de vez em quando, cadáveres. Não há fotos de Andrea Danne nos arquivos do processo. Só imagens da cena do crime vazia, sem seu corpo, das manchas de sangue no chão e na cama.

O relatório da autópsia diz o seguinte:

A morte ocorreu por volta da 1h do dia 16 de novembro de 1986.

O óbito foi por anemia aguda em decorrência de hemorragia maciça causada por ferimento da aurícula direita.

O ferimento foi produzido por arma branca ou objeto de características similares, fino, com lâmina de aproximadamente 3 cm de largura e pelo menos 8 a 10 cm de comprimento, tendo sido introduzido com o gume voltado para a porção distal do corpo.

No instante do evento, a srta. Danne estaria dormindo, em posição de decúbito dorsal, e o agressor provavelmente à sua direita, empunhando a arma com a destra.

Não se verificam outras lesões nem sinais de violência externa. Em suas mãos não se observam elementos nem restos de elementos que pudessem indicar que houve luta ou defesa ao ser atacada.

O agressor pode ter sido uma pessoa adulta ou idosa que impeliu a arma com certa força e velocidade.

O dr. Favre foi uma das primeiras pessoas a ver o cadáver de Andrea deitado de barriga para cima, com as mãos ao lado do corpo, totalmente limpas, os braços estendidos por cima da colcha, que a cobria até a cintura. Havia um grande coágulo no seu peito, sangue coagulado entre o braço e o corpo e sangue no chão. A morte foi quase instantânea, deve ter sobrevivido o tempo que durou a hemorragia, cerca de dois minutos.

Quando foi chamado para depor, leram para ele o relatório da autópsia e lhe perguntaram se a posição em que ele havia encontrado o corpo da garota era coerente com a maneira como foi assassinada. O doutor disse que não.

A punhalada mortal, tal como é descrita no relatório do legista, lesionou os grandes vasos e a aurícula direita do coração, mas tratou-se de uma lesão de pequena magnitude numa área de baixa pressão sanguínea, portanto a hemorragia que resultou desse ferimento não foi maciça. Numa situação como essa, a vítima demora cerca de dois minutos para morrer. Tempo suficiente para realizar movimentos, pois o sangue continua chegando ao cérebro pelos vasos que não foram lesionados. Movimentos voluntários de início e involuntários depois, quando a pressão sanguínea baixa devido à hemorragia. O corpo deveria estar semicontorcido e a cama desarrumada. Acredito que alguém ajeitou o corpo antes da minha chegada, declarou.

Na década de 80, minha mãe trabalhou como enfermeira numa clínica em Villa Elisa. O dr. Favre fazia parte da equipe médica. No tempo morto dos plantões, eles muitas vezes falaram sobre o assassinato de Andrea. Para o doutor, era uma pergunta sem resposta, que voltava repetidas vezes: como o assassino tinha conseguido entrar na casa, matar a garota, ter tempo de arrumar seu corpo a ponto de que ela parecesse estar dormindo e voltar a sair, sem que a mãe, o pai ou o irmãozinho que dormiam no outro quarto, pegado, com uma porta que ligava os dois cômodos, não tivessem escutado absolutamente nada?

    Favre morreu já faz alguns anos. Sua eterna pergunta, sem resposta.

Entre os parentes, amigos e curiosos que passaram pelo quarto de Andrea, não esteve Aldo Cettour, um garoto de dezesseis anos, vizinho e primo distante da vítima que, mais tarde, se tornaria outro suspeito.

    Aldo, naquela noite, chegou tarde a todos os lugares: ao baile do Clube Santa Rosa, quando Fabiana e os outros estavam saindo com a notícia de que Andrea sofrera um acidente; e tarde para ver o cadáver da sua vizinha.

    Quando voltou do baile no clube, naquela madrugada, os pais e a irmã ainda estavam de pé. Os três tinham estado na casa dos Danne e lhe contaram o que viram. Aldo tomou o rumo da porta com a intenção de também ir lá, de não perder aquela cena da qual continuariam falando durante anos. Mas sua mãe o reteve. Disse que a moça já tinha sido levada, que não fazia sentido ele ir até a casa dela, que já não havia nada para ver. Nem mesmo sangue, porque logo depois de o pessoal do necrotério levar o corpo, Fabiana tinha começado a limpar. Tirou vários baldes com água e sangue e os jogou no quintal.

    Poucos meses antes, Aldo e uns amigos tinham entrado no quintal dos Danne, por um atalho que ligava os fundos da sua casa com os da casa vizinha, e espiaram Andrea e Fabiana pela janela do quarto enquanto se preparavam para deitar. Nessa ocasião, as garotas os descobriram e se armou um pequeno escarcéu. Também deram por falta de peças íntimas no varal.

No meu povoado havia um mirão incorrigível, Bochita Aguilera, um cinquentão baixinho, de bigode, que morava só com a mãe. Era mestre padeiro e de noite, a caminho do trabalho, entrava nos quintais abertos das casas para espiar as moças através daquelas cortinas fininhas que se usavam antigamente. Era inofensivo. Apenas gostava de encher os olhos com aqueles corpos jovens e bonitos que se movimentavam nos quartos, preparando-se para ir dormir. De vez em quando o cachorro da casa ou alguma das garotas o apanhava em flagrante, e Bochita saía correndo, antes que o pai da ultrajada o alcançasse.

Na noite do crime, Aldo ficou jogando bilhar com um amigo na cidade vizinha, Colón. Passada a meia-noite e vendo que se armava um temporal, resolveu voltar para San José de carona. O vento e a chuva o apanharam na estrada sem ter onde se abrigar. Um carro finalmente parou, mas ele já estava ensopado. Chegou em casa e trocou de roupa. Ainda era cedo para dormir, então voltou a sair, dessa vez para ir ao baile no clube, que ficava a poucas quadras da sua casa. Quando ia chegando, cruzou com Fabiana e umas amigas que saíam como que apavoradas. Ouviu uma delas dizer: não é possível, não é possível.

Só depois de entrar no baile, que continuava enquanto o boato da morte de Andrea começava a se espalhar, em meio à música, à fumaça dos cigarros, aos copos de cerveja, só depois de algum tempo alguém lhe disse que sua vizinha tinha sido apunhalada.

Além de espiar as moças, Aldo tinha ido a um psicólogo durante alguns meses. Três décadas atrás, num lugarejo como San José, fazer terapia era quase sinônimo de estar louco. Ele recebeu tratamento porque, conforme declarou em seu depoimento, se sentia estranho e gostava de se isolar. Depois, nunca voltou a se sentir assim.

A travessura adolescente de Aldo e seus cupinchas não parece um argumento sólido para considerá-lo suspeito de assassinato. Mas, num caso em que as investigações andavam em círculos, sem provas que levassem a lugar algum, todos eram, de certo modo, suspeitos.

Você se lembra daquele que roubava as calcinhas delas?, pergunta Paula, e dá uma gargalhada. Eduardo mal sorri. Talvez não ache graça, ou talvez não se lembre.

Estamos sentados num jardim de inverno, cheio de plantas, que dá para um gramado verde e viçoso, apesar de ainda estarmos em agosto. É uma tarde ensolarada.

Paula é mãe de Eduardo Germanier, que namorava com Andrea quando a mataram. É uma mulher verborrágica, enérgica e de riso fácil. Cada vez que ela ri, seus pômulos se levantam e seus olhinhos azuis afundam atrás dos óculos. Vai me deixar a sós com o filho apenas o tempo de ir pegar os apetrechos do mate na casa ao lado, onde mora com o marido. A casa com esse jardim onde estamos sentados e as outras construídas no mesmo terreno são para alugar aos turistas que escolhem Colón como destino de férias ou finais de semana prolongados, atraídos pelo rio e pelas águas termais. Como mãe só de filhos homens, Paula é uma espécie de supermãe e às vezes se adianta às respostas de Eduardo ou me sussurra alguma coisa disfarçadamente. Talvez seja superprotetora com todos os filhos, mas em especial com este, que há dez anos tenta se recuperar de um acidente vascular cerebral que quase o matou. O AVC apagou alguns fragmentos da sua memória. Embora Paula faça questão de dizer que ele se lembra muito bem de tudo o que aconteceu com Andrea, percebe-se que, antes de eu chegar, eles devem ter recordado juntos certos episódios.

Ela não sai de perto dele para ajudá-lo quando a memória lhe falha, quando fica em silêncio com o olhar perdido no jardim, tentando alinhavar as lembranças ou procurando as palavras certas, porque o AVC também lhe deixou uma ligeira dificuldade na fala. Às vezes a mãe voluntariosa o atrapalha, e ele então lhe pede que espere, que o deixe encontrar o que quer dizer, que já vamos chegar lá.

A família Germanier morou alguns anos num subúrbio da Grande Buenos Aires. Não fazia muito tempo que voltara a se instalar em Colón, seu local de origem, quando Eduardo conheceu Andrea na casa de uns amigos em comum. Ele tinha o cabelo comprido e andava de moto. Sempre foi louco por motos, apesar dos vários acidentes graves que sofreu. Depois do AVC, nunca voltou a montar em uma, mas ainda tem saudade dos seus tempos de motoqueiro. Diz que agora só fica olhando as motos pela internet.

Agora você me vê assim, e não pode imaginar o que eu era.

Ainda não lhe confesso, mas lembro que ele era um rapaz muito bonito, e ainda é. Tenho uma vaga lembrança de uma foto dele no jornal, numa das marchas organizadas naquela época pedindo justiça por Andrea. Lembro do seu cabelo comprido e encaracolado, e que diziam que ele tinha prometido só voltar a cortá-lo quando se esclarecesse o assassinato da sua garota.

Assim que a viu, gostou dela. Era linda. E duas ou três semanas depois de conhecê-la, partiu pra cima, como se dizia na época. Começaram a namorar. Diz que tinham uma relação bonita, que se davam bem, que ele a amava muito.

Na noite do crime, saíram para dar um passeio de moto e ao voltar ficaram namorando na cozinha. Todos já estavam deitados. A certa altura, ouviram um barulho do lado de fora, e ele saiu. Olhou no quintal e no abrigo onde o sogro guardava o carro, mas não viu nada. Teve um pouco de medo. Com o tempo, pensou que aquele barulho devia ser a mãe de Andrea espiando os dois. Isso já tinha acontecido uma vez, quando a descobriram espiando na janela da cozinha. O quarto dos pais de Andrea tinha duas portas, uma dava para o dormitório das filhas e a outra para a frente da casa, para o exterior. Portanto ela podia sair por ali e ir até os fundos, contornando a casa por fora.

Essa parte ele me contou várias vezes, corrobora Paula.

Permaneceram algum tempo em silêncio, apurando o ouvido, e como não voltaram a escutar nada, continuaram se beijando, adiando a despedida que nessa noite seria mais cedo que o habitual, porque Andrea precisava estudar.

Eduardo voltou para casa com o temporal em seu encalço. Nos últimos quilômetros se levantou uma ventania que parecia que ia arrancá-lo da moto. Chegou com os primeiros pingos e foi logo se deitar.

Eram 23h50, lembro bem da hora porque quando ouvi a porta da rua logo olhei o relógio, disse Paula. Eu estava acordada. Tinha passado o dia inteiro na cama, com dores por causa desses problemas que nós mulheres temos, e não conseguia dormir. Escutei o Eduardo entrar e ir para o quarto. Umas horas depois, ouvi baterem na porta. O temporal tinha amainado, mas continuava chovendo. Escutei as batidas e uma voz de mulher dizendo: Eduardo, Eduardo, abre, por favor. Pensei que fosse a Andrea que tivesse brigado com o meu filho e ele a tivesse deixado por aí. Não sei, não estava entendendo. Gritei da cama: Já vai, Andrea, já vou. Mas nossa, o que houve? O Eduardo te deixou aí fora?... Quando abri, não era ela. Vi na minha frente uma garota que eu nunca tinha visto. Sou a irmã da Andrea, disse, ela sofreu um acidente, o Eduardo tem que vir na minha casa. A essa altura, o meu marido também estava na porta, tinha acordado com todo aquele tumulto. Eu entrei para acordar o Eduardo, falei para ele se vestir, que tínhamos que ir para San José. Aí meu marido ficou falando com a Fabiana, e ela lhe contou que tinham matado a Andrea. Mas nós, o Eduardo e eu, ainda nem desconfiávamos. Quando chegamos, o sr. Danne estava esperando do lado de fora. Foi aí que o conhecemos, o meu marido e eu não conhecíamos os pais dela. Ele se apresentou e iluminou o caminho até a casa com uma lanterna, porque estava todo empoçado e cheio de lama. Só ao entrar no quarto ficamos sabendo que ela estava morta.

A comoção de Eduardo quando viu o corpo da namorada, sem vida, e o quarto ensanguentado foi imensa. Começou a gritar e a esmurrar as paredes. Foi preciso vários homens para contê-lo e arrastá-lo até a cozinha, para que se acalmasse.

Tive um ataque de nervos, ele diz, e olha ao longe. Herdou os olhos azuis da mãe.

Na cozinha, continuou chorando e gritando.

Havia várias mulheres lá, lembra Paula. Eu tentava acalmar o meu filho, mas também pensava na Andrea e na mãe dela. Pensava naquela pobre mulher, no seu sofrimento. Como te falei, ainda não nos conhecíamos. Eu imaginava que a tivessem levado para a casa de um vizinho, ou algo assim. Todas as mulheres ali estavam muito calmas. Até que uma delas chega no Eduardo e pede para ele fazer silêncio, por favor, que pare de gritar, porque estava perturbando a avó da Andrea, que era uma mulher muito idosa. Aí eu não me aguentei. Quem era essa para falar assim com o meu filho, que estava sofrendo? E essa aí, quem é?, perguntei para o ar. E outra das mulheres respondeu: é a Gloria, a mãe da Andrea. Eu fiquei pasma: a filha morta, e ela se preocupando com a vovozinha... faça-me o favor!

É a primeira lembrança que Paula tem da consogra, e a partir desse momento nunca a engoliu. Não era assim, ela acha, que devia estar uma mãe que acaba de ter a filha assassinada. Essa calma, Paula não lhe perdoa.

A relação de Eduardo com os sogros era um tanto distante. O mutismo de Gloria poucas vezes se rompeu: apenas naquela noite, quando lhe pediu que se acalmasse, e uma ou outra vez antes disso, quando lhe pedira explicações sobre seu emprego, se era registrado, se lhe pagavam o salário pontualmente. Eduardo nunca entendeu o porquê daquelas perguntas, mas não deu muita importância. Com o sogro falava um pouco mais, mas só o estritamente necessário.

Eram outros tempos. Não havia essa relação de confiança que os jovens de hoje em dia costumam ter, ele diz.

A relação de Andrea com a família de Eduardo, em compensação, era muito boa. Paula gostava muito dela e aprovava o namoro. Quando ela os visitava, sempre ajudava na mercearia; se havia muitos clientes, começava a atendê-los sem que ninguém pedisse. Eles ajudavam a pagar seus estudos. E também contribuíram com as despesas do enterro.

A lembrança que Paula e Eduardo têm daquela noite não bate com a que os peritos deixaram registrada no processo nem com a de outras testemunhas.

Eles descrevem a cozinha como um verdadeiro açougue: manchas de sangue nas paredes, nas portas, a mesa fora de lugar, com a gaveta aberta, todas as facas da cozinha espalhadas. E também mais sangue nas paredes e portas do quarto. Como se entre esses dois cômodos tivesse sido travada uma luta feroz. Eles acreditam que essa luta se deu entre mãe e filha e que, num rapto de loucura, Gloria apunhalou Andrea.

Quando eu digo que, segundo o relatório da autópsia, Andrea foi apunhalada em sua cama, enquanto dormia, que não havia nenhuma outra marca de violência no seu corpo nem sinais de ter se defendido do agressor, Paula balança a cabeça, contrariada.

Não, isso não é possível. Não é possível. A Andrea foi morta pela mãe. Portanto não pode ser como você diz.

Por que não?

Porque uma mãe, meu bem, seria incapaz de matar a filha desse jeito.

Eduardo também foi considerado suspeito de assassinar a namorada. O primeiro suspeito.

A irmã de Andrea reconhece, em seu testemunho judicial, que ao saber do assassinato logo pensou em Eduardo, porque ele era muito ciumento e possessivo. Por isso ela fez questão de procurá-lo em sua casa. Mas quando viu sua reação diante do cadáver da irmã, percebeu que estava errada.

Paula também percebeu, nessa mesma noite, que tentariam incriminar o seu filho. Até hoje ela insiste que tudo estava armado para pôr a culpa em Eduardo. Por isso, assim que puderam, procuraram o advogado da família. Claro que ela nunca duvidou da sua inocência. Já o pai de Eduardo, sim. Houve uma vacilação, um momento de dúvida, que Eduardo notou quando o pai foi examinar a moto, procurando não se sabe que rastros. Mas o fato é que duvidou dele, e apesar de terem se passado mais de vinte anos, e apesar de Eduardo não se lembrar de tudo por causa do AVC, disso ele nunca se esqueceu. E ainda lhe dói.

Ele sempre ficou com isso atravessado aqui, diz Paula, como se fosse necessário.

Além de contar com o melhor advogado da cidade, a família de Eduardo ainda contratou um detetive particular. Estavam convencidos de que a polícia procuraria um jeito de prendê-lo para encerrar logo o caso. Mas o detetive nunca conseguiu apresentar dados nem pistas sólidas. A polícia e o juiz monitoraram Eduardo durante vários meses, mas finalmente o deixaram em paz. O caso foi se diluindo, apesar das marchas silenciosas organizadas por ele e pelos amigos de Andrea, das quais a família da garota morta nunca participava.

    Eu então lhe conto que tenho uma vaga lembrança de uma foto dele numa daquelas marchas, e que diziam que ele não cortaria o cabelo enquanto não encontrassem o assassino da sua namorada. Digo que eu era uma adolescente e que me apaixonei por essa declaração – e por ele, claro.

    Ele dá risada. Diz que não se lembra, que é capaz que sim, que tinha mesmo feito essa promessa, mas, como eu podia ver, não a cumpriu.

    Uns seis anos mais tarde, conheceu aquela que hoje é sua mulher e mãe dos seus filhos. De algum modo, entendeu que a vida seguia seu curso.

    Quando lhe conto que visitei o túmulo de Andrea, pergunta se a plaquinha que ele colocou ainda está lá. Está, sim. É uma placa simples, que diz:

Meu amor por você é eterno.
Teu namorado. Eduardo.

10

A morte violenta de uma pessoa jovem, numa comunidade pequena, é sempre uma comoção. A notícia do crime que vitimou María Luisa Quevedo foi tratada, quase desde o início, em tom romanesco pela imprensa local. Demorou dois ou três dias para aparecer, num pequeno quadro no jornal *Norte*, o mais importante da província do Chaco. Título: Misteriosa morte de uma menor, que dividia o espaço com outra: Menor procurado.

Num primeiro momento, o chamado Caso Quevedo teve de competir com os temas que monopolizavam a agenda do governo democrático recém-empossado e o interesse dos cidadãos: a apropriação ilegal de crianças na ditadura, a descoberta de ossadas não identificadas no cemitério de Sáenz Peña, as primeiras convocações de altas autoridades militares para depor em casos de sequestro e desaparecimento durante o período 1976-82.

Mas logo ganhou espaço e protagonismo, transformando-se na série de horror e mistério do verão chaquenho de 1984. Uma história de intrigas, suspeitas, pistas falsas e falsos testemunhos que as pessoas acompanhavam pelos jornais e pelo rádio como se fosse uma telenovela ou um folhetim.

A ausência de resultados imediatos na investigação, o iminente recesso judiciário, um juiz de instrução plantonista, o dr. Díaz Colodrero, especializado em direito comercial e sem experiência na vara penal, mais uma polícia com os vícios da ditadura, tudo isso atravancou o inquérito ao longo de todo o verão e serviu o caso de bandeja para a fofoca da imprensa, que, na falta de novidades, acabava se baseando em rumores, mexericos, suposições dos vizinhos.

A morte de María Luisa logo virou uma caça às bruxas, e as pessoas entravam e saíam do Fórum para prestar seu depoimento espontâneo, apontando culpados a torto e a direito. Todo dia essas acusações eram levantadas pela imprensa e tomadas como pistas sólidas para, no dia seguinte, desmoronarem por falta de provas concretas.

Dois funcionários de Don Gómez, o septuagenário dono da viação de ônibus que a família continua a apontar como o único responsável pelo crime. O próprio Gómez. As duas amigas de María Luisa, uma delas, ainda por cima, apelidada La Gata. Dois rapazes, filhos das famílias mais distintas da cidade. Um jovem que morava no mesmo bairro que a vítima. Um aborígene de sobrenome Vega, que, segundo o jornal, foi encontrado em estado deplorável vagando pelo mesmo terreno onde jogaram o corpo da garota e morreu poucos dias depois no hospital. Todos eles tiveram seu quinhão de caracteres na crônica policial.

Em algumas edições, o assassinato de María Luisa merecia apenas um pequeno texto isolado em meio a notícias mais importantes, em outras, ocupava um quarto de página, e em outras ainda, até uma página inteira, com foto e tudo. E quando não havia fotos, um desenho a lápis do suspeito e até da própria María Luisa. Essa galeria de supostos assassinos e cúmplices era engrossada por policiais acusados de obter falsos testemunhos à força de pancadas, policiais que eram rapidamente mandados para férias até que a poeira baixasse.

Os familiares de María Luisa têm um papel permanente e destacado. O pai ausente, ex-pugilista, exigindo o esclarecimento imediato da morte da filha. Um juveníssimo Yogui

Quevedo que encara a câmera apoiado numa estante cheia de aparelhos de televisão; provavelmente uma fotografia tirada na oficina de consertos onde ele trabalhava na época.

Em alguns artigos, afirmava-se que a cena do crime era o próprio terreno baldio onde encontraram o corpo da garota. Em outros, que foi arrastado até lá e que havia rastros no chão. Em outro, que a assassinaram no rancho do aborígene Vega: nesse caso, sua morte pouco depois do crime, por mal de Chagas, seria uma espécie de castigo de Deus. Em outro, que foi estrangulada, mas não violentada. Em outro, que a jogaram viva na represa e morreu afogada. Em outro, que não foi violentada, mas que já tinha uma vida sexual ativa. E não falta o capítulo romântico onde se assegura que María Luisa saía com um homem casado, que nesse dia rompera a relação e que a garota, magoada com a ruptura, tinha vagado pelas ruas centrais de Sáenz Peña, ficando assim à mercê dos seus raptores.

A grande repercussão do caso na mídia espalhou a paranoia entre os pais de garotas adolescentes. Num artigo publicado quase um mês depois do crime, o jornal *Norte* se pergunta: será que falta consciência de família numa comunidade que se preza de ser organizada? A do assassino, ou dos assassinos, está definida por seus atos. Mas os diversos setores da população não são capazes de erguer sua voz de protesto exigindo uma ação mais eficaz? Será que, de agora em diante, nossos filhos não poderão mais transitar pelas ruas da cidade por falta de tranquilidade?

Também a narrativa de Yogui Quevedo, irmão e porta-voz de María Luisa, às vezes transita pelo terreno da telenovela. Seu vilão perfeito sempre será Jesús Gómez, o homem rico e poderoso que organizava festas para atrair moças novinhas, que seduzia com seu dinheiro. Sua irmã, a mocinha trabalhadora e honesta, empregada, filha do bairro de Monseñor de Carlo, um bairro humilde de Sáenz Peña, que se esquivou das investidas amorosas de Gómez e acabou morta, maculada pelo ricaço depravado. Ele, o justiceiro, o homem incorruptível que desprezou as malas de dinheiro que Gómez lhe oferecia por meio de emissários.

Depois da morte da minha irmã, andei algum tempo feito louco, sempre com um revólver na cintura. Tinha jurado à minha irmãzinha, à memória da minha irmãzinha, que ia meter bala em Don Gómez. Uma amante que eu tinha na época chegou até a bolar um plano. Ela era muito bonita e, como todo mundo sabia que o figurão gostava de meninas, ela ia seduzir o velho e levá-lo para um motel, e aí, quando eles estivessem na cama, eu ia poder estourar os miolos dele na maior calma. Mas nunca fiz isso. Faltou bem pouco. Parecia tão fácil. Era o único jeito que eu via de fazer justiça, porque Don Gómez continuava abafando tudo com dinheiro, comprando testemunhas, advogados... Quem me segurou foi aquela vidente paraguaia que fomos ver quando a minha irmã desapareceu. Eu continuei indo nela e a consultando para todas as coisas ligadas à morte da minha irmãzinha, comecei a acreditar muito nela, porque precisava me pegar em algo. Ela me convenceu a esquecer aquela ideia de matar o sujeito. E me convenceu de que a única pessoa que sairia perdendo era eu, porque ia apodrecer na prisão. De que não valia a pena sujar as minhas mãos, de que os culpados iriam pagar. E pagaram, mesmo. No fim, dois deles acabaram pagando. Don Gómez morreu pobre e sozinho, toda a sua família se afastou dele depois do que aconteceu e o velho perdeu tudo o que tinha, os advogados levaram tudo. E o outro que eu acho que é responsável, aquele que levou a minha irmãzinha na conversa, Francisco Suárez, que estava batendo papo com ela na calçada da última vez que a vi com vida, esse também morreu. Num acidente. Estava com várias pessoas numa caminhonete que tombou, e o único morto foi ele. Pelo menos comigo, a justiça de Deus valeu.

Apesar de ele ter largado o revólver, convencido pela paraguaia, acabou sendo baleado numa perna. Diz que uma madrugada, quando voltava para casa, um carro todo desmantelado, quase que só o chassi, atravessou na sua frente numa esquina e atiraram contra ele. Um dos tiros lhe acertou a perna. Anos mais tarde, quando já trabalhava como lixeiro, viu aquele carro abandonado num galpão. Ele tem certeza de que era o mesmo, mas não tinha provas e, por mais que denunciasse à polícia, nunca aconteceu nada.

Mas os lances romanescos na narração de Yogui Quevedo não terminam por aí. Além do atentado, das ameaças, das extorsões, dos seus planos para liquidar Gómez, há mais um caso. O que ele me conta parece saído das páginas de Raymond Chandler.

Um meio-dia apareceu na sua casa, onde ainda morava com a mãe e a irmã caçula, uma mulher bonita perguntando por ele. Yogui foi até a porta, e a mulher disse que era uma agente disfarçada da polícia de Resistencia. Apresentou-se com o nome de Leo. Disse que um táxi estava esperando por ela, e de fato havia um táxi na porta. Disse que precisava falar com ele, que tinha informações importantes sobre o crime de María Luisa, mas agora estava de saída para Resistencia, se poderia voltar no dia seguinte. Combinam de se encontrar no fim da tarde. Ela passaria para buscá-lo.

No outro dia, Leo reapareceu conforme o combinado. Pediu para irem ao quarto dele, para ficarem mais à vontade. Entraram no seu dormitório e se trancaram ali. Fazia muito calor, então a mulher disse que estava toda suada e perguntou se ele se incomodava que ela trocasse de roupa. Trazia outra muda na bolsa. Ele disse que não, imagine, e lhe indicou onde ficava o banheiro. Ela respondeu que não era necessário, que ia se trocar ali mesmo, enquanto continuavam conversando. Ficou nua na frente dele. Yogui diz que tinha um corpo lindo. Ela inteira era linda. Ele lhe deu corda e deixou que ela tirasse a roupa toda, que ficasse nua, completamente nua, frisa, e voltasse a se vestir. Depois a convidou para ir ao cinema.

A ida ao cinema fazia parte de outro plano. Um plano que Yogui preparara para frustrar os planos da mulher.

Depois daquela primeira visita de Leo, Yogui ficara desconfiado, procurara a delegacia local e relatara aos funcionários que trabalhavam no caso da sua irmã que tinha sido procurado por uma mulher que dizia ser uma policial disfarçada. Apuraram a informação junto à polícia de Resistencia, e não havia nenhuma funcionária com esse nome. Leo era uma impostora. Ele então explicara que tinha combinado de se encontrar com ela no dia seguinte. Foi aí que tramaram sua captura: Yogui a levaria ao cinema, a polícia os interceptaria e levaria cada um numa viatura diferente, alegando que era para averiguação de antecedentes. Ele seria liberado, mas ela seria conduzida à delegacia, para interrogatório.

E assim foi feito. Depois que ela se despiu no seu quarto, Yogui a levou ao cinema e lá a polícia entrou em ação.

No final se soube que a tal mulher era secretária de uma banca de advogados muito importante de Resistencia. Tinha sido mandada para descobrir quanto eu sabia, porque eram os advogados de Don Gómez. Na época cheguei a ligar para o escritório perguntando por ela. Fingi que era um primo. Mas me disseram que ela não trabalhava mais lá, conta.

No crime de Andrea Danne também há um segundo capítulo que é pura ficção. Um episódio que fez com que, passados dez anos do seu assassinato, o caso fosse reaberto.

Em agosto de 1995, em Concepción del Uruguay, uma cidade próxima ao povoado de Andrea, foi detida uma garota de dezoito anos, María Laura Voeffray, numa investigação sobre tráfico de drogas. Nessas circunstâncias, a garota declarou que sabia quem tinha matado Andrea Danne.

E contou a seguinte história.
Na época do crime, ela era uma menina de dez anos. Morava num casebre em El Brillante, um lugarejo pegado a San José, quase um bairro da cidade. Naquela noite, depois que seus pais se deitaram, María Laura escapou de casa pela janela, pegou sua bicicleta e foi, com três amigos da mesma idade, zanzar pelo centro de San José. A certa altura, um pneu da bicicleta furou, e ela resolveu deixá-la num posto de gasolina, na parte onde enchem os pneus; ela deixou a bicicleta lá, encostada numa parede, e se separou do grupo, passando a caminhar sozinha. Continuou zanzando, e seu andar sem rumo a levou até a casa de Andrea, justo na hora em que o temporal estava começando. Chegando à calçada da casa dos Danne, viu estacionado um carro grande, quadrado, cor de vinho. Havia um homem dentro, no banco do motorista, mas o carro estava parado, com as luzes e o motor desligados. Por alguma razão, esse carro lhe deu um mau pressentimento e ela se escondeu entre uns arbustos na frente da casa. Do seu esconderijo, apesar da chuva e do vento, escutou um barulho como de papelão rasgando, ou de papelão sendo cortado com uma faca, um grito abafado, um gemido. Em seguida, viu dois homens saindo dos fundos da casa, por um corredor que a separava da casa vizinha. Um deles, de terno escuro. A noite estava clara, diz, apesar do temporal. Ela reconheceu o homem de terno, era Jim Shaw, um comerciante de origem chinesa muito conhecido na cidade. Atrás dele, um jovem loiro, de uns vinte anos, que ela não conhecia. Jim Shaw e o loiro pararam por um instante a uns cinco metros do seu esconderijo. Então ela viu claramente o chinês entregar ao loiro um punhal ensanguentado, ela lembra que era um punhal fininho e longo, como uma adaga. O loiro enrolou o punhal num lenço. Anda logo, anda logo, disse Jim Shaw entrando no carro pelo lado do carona. O loiro procurou um galho e voltou. Com o galho varreu o

chão apagando suas pegadas. Abriu a porta traseira do carro, entrou e também apagou as pegadas que acabava de deixar. O carro arrancou, e desapareceram.

María Laura saiu do meio dos arbustos. Toda a situação lhe provocou curiosidade e talvez certa inquietação. Contornou a casa e entrou pelos fundos. A janela que dava para o quintal estava com as venezianas entreabertas, o que lhe permitiu espiar e ver Andrea Danne deitada em sua cama, com as mãos sobre o peito, o corpo ensanguentado e manchas de sangue nos lençóis e no chão. Na casa não havia nenhuma luz acesa, mas ela conseguiu enxergar a cena com detalhes porque, repete, a noite estava clara apesar da tempestade. Até que ela viu uma luz se acender em outro cômodo e saiu correndo, assustada, e não parou de correr até chegar à sua casa e entrar novamente pela janela por onde fugira horas antes.

Ela nunca contara isso para ninguém porque estava apavorada. Na verdade, chegou a contar, sim, para uns amigos policiais fazia pouco tempo, e eles a aconselharam a se apresentar para testemunhar, mas mesmo assim ela não teve coragem. Reconhece ter mantido uma relação sentimental com Jim Shaw, uns dois anos atrás. Essa revelação foi recebida com surpresa pelo juiz, como é que ela pôde ter uma relação com alguém que suspeitava ser um assassino? María Laura se justificou dizendo que era mãe solteira e que Jim lhe dava dinheiro, que antes disso também saíra com outros homens em troca de dinheiro, que não tinha opção. Em algum momento dessa relação, que durou pouco, ela disse a Jim que comentavam por aí que ele é que tinha matado a garota Danne. Falou assim para testar, para ver como ele reagia. Segundo ela, o chinês pareceu surpreso e disse que essas coisas aconteciam com quem falava demais. María Laura, imperturbável, respondeu que, andando por aí, a gente acaba sabendo das coisas. E Jim Shaw pôs fim à conversa dizendo que cada um é escravo do que fala e senhor do que cala, e o que é que ela podia saber sobre quem matou Danne?

O depoimento dessa moça fez com que reabrissem o caso. Jim Shaw foi intimado, interrogado, investigado e liberado.

E o crime que em 1986 ficara restrito à imprensa local atraiu a atenção de jornais de circulação nacional, como o *Crónica* e o *Clarín*.

Com seu estilo característico, o *Crónica* estampou na manchete: Chinês é preso nove anos após um assassinato. E quando Shaw é posto em liberdade: Chinês foi vítima de jovem despeitada.

Enrique Sdrech, famoso jornalista policial, viajou a Entre Ríos e escreveu um artigo de página inteira na edição de domingo do jornal *Clarín*. Nesse texto, Sdrech supõe que o motivo do assassinato seria que Jim Shaw distribuía drogas na região e que Andrea, a par da situação, ameaçara denunciá-lo. Diz também que o comerciante chinês tinha fama de homem violento, que os vizinhos comentavam que em certa ocasião, ao brigar com a filha de catorze anos, ele atirara a menina pela janela do seu quarto, no primeiro andar.

A memória foi reavivada.

Mas a história de María Laura Voeffray não passava disto: uma história inventada por uma garota dada a fantasiar e mentir, que só tentava salvar o pescoço.

María Luisa gostava muito desse irmão, a Senhora me diz. Ela está contente por ele ser o seu porta-voz. Está contente pelo emprego que ele conseguiu depois que ela foi assassinada. E digo mais, ela não quer que o caso se resolva. Se um dia se resolver, ele já não terá mais nada a dizer.

Nos três casos, os irmãos têm um papel fundamental. Yogui Quevedo é o porta-voz da irmãzinha assassinada, tornou-se uma figura pública depois da morte de María Luisa e é consultado sempre que, na província do Chaco, ocorre um caso parecido. Mirta Mundín foi a confidente de Sarita, sua protegida, e acabou de criar o filho da irmã desaparecida. Ela prefere não falar em público, não expor a dor que é só dela, um ato íntimo que defende com unhas e dentes. E Fabiana, a irmã de Andrea Danne, agora prefere o silêncio.

Naquele artigo que Enrique Sdrech escreveu para o *Clarín*, em 10 de setembro de 1995, há um quadro dedicado a Fabiana. Intitula-se: A promessa da irmã. E diz o seguinte:

Quando, há nove anos, María Andrea Danne foi assassinada, circularam as versões mais desencontradas em San José. Muitos viram por trás do crime a mão sinistra de alguma seita, das drogas, da prostituição, e as suspeitas respingaram até no próprio pai da vítima, Eymar Pablo Danne.

Por muito tempo, os comentários deram como "estranha" a atitude de María Fabiana, irmã de María Andrea, que poucas horas depois do crime lavou o chão e as roupas manchadas de sangue. "O que as pessoas não sabem é que fui autorizada a fazer essa lavagem pelo policial que ficou de plantão na minha casa. Eu sempre sonhei em estudar Direito só para me formar advogada e revisar o processo do assassinato da minha irmã. Já me formei e conheço o processo de cor, e não vou sossegar enquanto o caso não se esclarecer", disse María Fabiana, que acabava de completar vinte e seis anos, em sua entrevista ao *Clarín*.

Fabiana nunca concordou em me conceder uma entrevista. O máximo que fez foi responder a um breve questionário por e-mail, há uns três anos, quando eu estava iniciando o trabalho de campo. Depois disso, todas as minhas mensagens e ligações ao seu escritório de advocacia ficaram sem resposta. O que ela me disse naquele momento foi o seguinte:

Minha relação com Andrea era muito boa, éramos bem confidentes, embora depois que ela começara a namorar já não saíssemos juntas nem compartilhássemos todas as amizades. Não me lembro muito bem do que aconteceu no dia da sua morte, recordei tudo intensamente durante muitos anos, minuto a minuto, e nunca notei nada de anormal. Mas como eu estava organizando o baile de formatura e devo ter passado o dia inteiro ocupada, se houvesse acontecido algo estranho talvez também não o notasse. Mas duvido que ela tivesse algum problema que eu não soubesse. Não o teria confiado aos meus pais, sem dúvida, porque eles eram rigorosos e fechados. Nunca nos bateram, mas bastava um olhar ou um simples não. Não queriam que nós duas namorássemos. Andrea não se importava com isso, mas eu nunca me atrevi a lhes apresentar um namorado. Eu tomei conhecimento do que havia acontecido porque meu irmão de doze anos foi com um vizinho me procurar no baile onde eu estava, a duas quadras da minha casa. Andrea sofreu um acidente, me disseram. Chovia, e nós três corremos até minha casa. Durante esse tempo todo eu pensava que ela tivesse sofrido um acidente de moto, com o namorado, estava muito assustada. Pressenti que era grave, mas nunca imaginei o que se seguiu. Quando cheguei, minha mãe me segurou pelos ombros e me disse que Andrea estava morta. Não me lembro das palavras textuais, mas sim da sua expressão de desespero. Não posso continuar recordando porque o que houve naquela noite me arrasa, apesar da distância. Num primeiro momento, pensei que ela podia ter sido assassinada pelo namorado, porque era extremamente ciumento, por isso fiz questão de ir buscá-lo pessoalmente e cheguei a culpá-lo. Mas quando vi sua reação diante do corpo, duvidei que pudesse ter sido ele. Nunca mais tive contato com ele nem com sua família. Faz alguns anos nos encontramos por acaso, mas não falamos de nada ligado ao assunto.

Minha vida depois da morte da minha irmã nunca mais foi a mesma. Meus pais ficaram destruídos: minha mãe deprimida e meu pai totalmente entregue. Meu irmão, aos doze anos, tendo que cuidar dos dois, porque eu logo fui estudar em Buenos Aires. Acredito que só dormi mais duas vezes nessa casa, e de mãos dadas com minha mãe. Depois, nunca mais. Quando ia visitar meus pais nos fins de semana, passava a noite em claro ou dormia na casa de amigas do bairro. Acho que tudo o que fiz na vida foi um modo de escapar.

II

Quando eu era pequena, adorava ir ao cemitério. Nas tardes ensolaradas, nos domingos de inverno, com sacolas de crisântemos ou dálias, flores que minha avó cultivava em seu jardim especialmente para enfeitar os túmulos dos nossos mortos. Também nos domingos de verão, só que de manhã cedo, antes que o sol ardesse na nossa cabeça, naquela hora em que os ciprestes que cresciam na trilha principal ainda espalhavam um cheiro fresco e os nichos e os panteões projetavam sua sombra sobre os túmulos na terra. Levava outras flores da estação nas sacolas, entre elas sempre cravos e cravinas, que duram mais, que não se deixam vencer tão facilmente, tão docilmente pelo calor. E folhas de samambaia escadinha-do-céu, que também resiste.

Dois túmulos em particular me causavam fascínio e terror, um sentimento romântico, obscuro, que uma menina de sete ou oito anos não chega a entender. Eram dois túmulos, em nichos confrontados, que se olhavam. Num deles, uma moça muito jovem que tinha morrido de doença. No da frente, um rapaz um pouco mais velho que ela, morto num acidente. A foto dela era de estúdio, daquelas que na década de 40 ou 50 as mulheres tiravam alguma vez na vida, antes da fotografia do casamento. A dele, do documento de identidade, sério e com o cabelo bem curto, porque devia ser da época do seu serviço militar.

Não sei se alguém me contou ou se eu inventei essa história, mas lembro que gostava de olhar para eles porque antes de morrer tinham sido namorados. A morte levou primeiro a mocinha. E pouco depois veio buscar o rapaz. Era o que diziam as datas nas plaquinhas de bronze. Acho que também deve ter sido dos epitáfios que eu tirei aquilo da doença e do acidente. Nunca deixava o cemitério sem passar para vê-los. Eu me postava no meio, mas afastada alguns passos, num ponto que me dava uma perspectiva em que parecia que as duas fotos estavam se olhando. E sentia que não existia amor maior que o daqueles dois que havia muito tempo não seriam mais que pó enamorado.

Acho que minha relação com a morte era muito mais natural na infância. Talvez porque nos diziam que o pai do meu primo, que além de tudo era como meu irmão gêmeo, tinha morrido num acidente antes de nascermos. Ou porque muitos dos nossos cachorros e gatos morriam prematuramente, atravessando a estrada, atropelados por um caminhão. Ou porque também assim tinha morrido o filho pequeno de um vizinho; e uma menina da minha escola; e outro vizinho, um rapaz, o Buey Martín, na sua moto, saindo de um baile. Naquele tempo, a morte não era coisa só de velhos ou doentes. Quando ouvia alguém dizer que fulano tinha morrido na flor da idade, achava a imagem linda.

Depois, minha percepção mudou. Não sei em que momento nem por que razão comecei a ter medo. Deixei de ir ao cemitério porque de noite sonhava que eles vinham me buscar.

De certo modo, meus encontros com a Senhora mudaram esses sentimentos. As tardes que passamos juntas se pareciam com aquelas tardes de excursão ao cemitério. Uma espécie de reconciliação.

Um taxista concordou em me levar, a contragosto, até a periferia de Sáenz Peña. É meio-dia e o sol está de rachar. A vontade dele seria estar em casa, e não atravessando a cidade, desviando do esquadrão de motocas barulhentas que ocupam as ruas de um lado a outro. No trajeto, tento convencê-lo a me esperar um pouco, no máximo quinze minutos, mas ele se nega: não, dona, já estou fora do meu horário de serviço, se quiser, depois lhe mando um carro. Digo que sim, mas desconfio que não vai mandar ninguém, que ninguém vai querer vir a esta hora em que todos se recolhem, em que a cidade morre até as cinco.

Onde vai ficar?, pergunta, quando estamos chegando.

Por aqui mesmo.

Ele para quase no cruzamento das ruas 51 e 28. Enquanto me cobra, faço minha última tentativa.

Certeza que o senhor não pode me esperar um pouquinho?

Não, senhora, já falei que estou fora do meu horário. Nem devia ter feito esta viagem, se quer saber.

Mal acabei de fechar a porta, e o carro já está dando meia-volta, levantando poeira e desaparecendo a toda velocidade.

De um lado, um conjunto de casinhas populares. Todas iguais, todas pintadas de branco, ofuscantes com o reflexo do sol. Todas com a mesma caixa-d'água em cima do telhado.

Do outro lado, um lixão. Um tremedal verde-azulado de moscas. De vez em quando, alguns cachorros farejando as montanhas de imundície. O cheiro é asqueroso.

Os outros dois quarteirões são terrenos baldios, cobertos de mato.

Em qual dessas quatro áreas será que jogaram o corpo de María Luisa Quevedo?

Olho para todos os lados, desorientada. Não passa ninguém. Em certos lugares, o meio-dia me dá mais medo que a noite cerrada. Para fazer alguma coisa, começo a tirar fotos com uma pequena câmera que trago na mochila. Não sei para quê, a paisagem é horrível e desolada. Digo a mim mesma que é para

depois me lembrar, mesmo sabendo que nunca vou baixar essas fotos, que provavelmente as apague ou se percam.
Estou nisso quando escuto uma voz às minhas costas.
Isso mesmo, fotografe, fotografe tudo, para o governador ficar sabendo em que chiqueiro nos jogou.
Uma mulher está chegando à sua casa, justo a da esquina, empurrando a bicicleta. Pelo jeito, me tomou por uma jornalista.
Vou até ela e a cumprimento. É uma mulher jovem, magra e enérgica.
Está tirando fotos para o jornal?
Não. Mas ela talvez possa me ajudar. Estou procurando o lugar em que jogaram o corpo de uma garota, faz alguns anos, não sei se está lembrada. Foi aqui, no lixão?
A Maira Tévez? Foi, sim, aí mesmo. Foi nesse lixão que a jogaram.
O assassinato de Maira Tévez é mais recente, mas os jornais logo o relacionaram com o de María Luisa Quevedo. Maira era uma estudante da licenciatura em inglês, de vinte e um anos. Em 2010, seu namorado, Héctor Ponce, matou a moça com um tiro na cabeça e cortou o corpo em vários pedaços, espalhados por diversos lugares: os braços e as pernas, na fossa séptica do prédio onde a moça morava; a cabeça, que provavelmente foi jogada num terreno baldio e arrastada por cachorros para o quintal da vizinha, que procurou a polícia; o tronco, encontrado neste lixão.
Não, é outra moça que eu procuro: María Luisa Quevedo. O corpo dela também foi jogado aqui?
Ah, não. A Quevedo foi por lá.
Aponta para um dos terrenos cobertos de mato.
Foi o meu marido que achou...
O seu marido que achou o corpo?
Isso. A minha sogra sempre lembra dessa história.
E será que ele está em casa? Gostaria de conversar com ele.

Está, sim. Deixe eu ver, espere um pouco que vou chamar. É para o jornal?

Não, estou escrevendo um livro.

A mulher assente, entra por uma porta no que parece ser um quintal cimentado. Sai logo depois e me convida a entrar.

A casa está na penumbra, com todas as venezianas fechadas e um ventilador de pé que mal remexe o ar.

Por causa desse problema das moscas, a gente tem que deixar tudo sempre fechado, diz.

Quando meus olhos se acostumam, distingo o homem sentado à mesa, com uma menininha no colo, a quem está dando de comer.

Depois que nos cumprimentamos, eu lhe explico por que estou lá.

Não quero problemas, ele responde.

Se preferir, não cito o seu nome.

Melhor assim.

A mulher está ao lado dele, de pé.

Vai, conta logo, ela o apressa.

A gente sempre vinha aí na frente, eu mais um amigo. Quando chovia, a represa enchia e sempre dava pesca. Como era rasinho, dava para pescar no porrete mesmo. Batendo com um pau, entende? Bom, calhou de a gente ir naquela manhã e achar a Quevedo embaixo de uma árvore que tinha na beirada. Éramos molequinhos, levamos um baita susto e disparamos para chamar um adulto.

Fica calado e continua enchendo a colher de papinha e enfiando na boca da menina, que me observa com os olhos arregalados.

Conta para ela aquilo que a tua mãe sempre conta, diz a mulher, que parece achar o relato do marido insuficiente.

Depois judiaram um bocado da gente, chamando toda hora no juizado e nos enchendo de perguntas. Por isso que eu falei que não quero problemas. Já basta o que passei naquele tempo.

Quando saio, a mulher vem atrás de mim e aponta a cabeça pela porta.

Veja se pode fazer alguma coisa com esse problema das moscas, me pede. A gente aqui não pode nem tomar o mate fora de casa, tamanho o mosqueiro. Veja se no jornal podem denunciar essa situação, hein?

E fecha a porta rápido, para o enxame não entrar.

Caminho devagar até o terreno baldio. O mato alto deve bater nos joelhos, portanto fico na rua, por medo das cobras. Já não há nem rastro da represinha, o leito aquático que embalou María Luisa antes de ir parar na bancada do necrotério e daí seguir para o cemitério municipal.

Penso no homem com quem acabei de falar. Penso nas ironias do destino. O conjunto onde ele mora parece ser bem novo, não deve ter mais do que dez anos. Essas casas são distribuídas por sorteio. E a dele acabou sendo justo em frente ao local onde teve a visão mais horrível da sua vida: a adolescente inchada, com o rosto e um olho comidos pelos pássaros.

Esses ossos que repousam num nicho junto aos do rapaz que morreu jovem, de um ataque do coração, e aos da bebê que mal começava a viver não são os restos de Sarita Mundín. Onde você está, Sarita? Quem é a outra garota morta?

Uma placa na entrada do cemitério de San José avisa que aos domingos fecham às seis horas. Faltam quinze minutos. Entro e começo a procurar o zelador para lhe perguntar onde fica o túmulo de Andrea. Não acho o sujeito em lugar nenhum, então começo a procurar sozinha. Resolvo ir diretamente aos nichos. Vou aos dos fundos, mas as datas são muito anteriores. Desvio para um dos lados, onde são mais recentes. Olho rápido, em cima, embaixo. Nada. Onde o sujeito se meteu? Não vai dar tempo. Vou ter que ir embora sem visitá-la.

Escuto umas risadas abafadas pelos muros dos jazigos. Sigo na direção delas. São duas adolescentes que se encaminham para a saída. Vai saber do que estão rindo. Falo com elas.

Estou procurando por um nicho. Quem sabe vocês ouviram falar de Andrea Danne, uma garota...

Sim, aquela que foi morta em casa.

Essa mesma.

Acho que está para aquele lado, diz uma delas. Quando eu era pequena, ia direto, mas agora faz muito tempo que não vou. Acho que era por lá.

Caminho rápido na direção que me indicaram. Leio nomes, em cima, embaixo, datas, vejo fotos. Até que, enfim, Andrea. A frente do nicho é de mármore cor de chá com leite. Além da placa que o namorado lhe dedicou, há outra da família e uma terceira, dos colegas da Turma de 1985. Uma cruz simples e uma foto onde ela aparece sorrindo, de cabelo solto, loiro, com ondas e umas trancinhas coloridas. Em dois vasos, margaridas roxas, rosas cor de laranja e uns ramos de frésias brancas.

As mesmas flores que enfeitam, uma fileira abaixo, o nicho do pai – sem frente de mármore, o cimento nu e o nome escrito a giz – e o da mãe, também sem acabamento e com um cartaz colado, feito no computador, informando seu nome e a data da sua morte.

Saio às seis em ponto. Assim que atravesso o portão de entrada, escuto um barulho atrás de mim. Deve ser o zelador, penso, mas não me viro para conferir.

Dizem que, quando a gente sai de um cemitério, nunca deve olhar para trás.

Epílogo

Faz um mês que o ano começou. Pelo menos dez mulheres foram assassinadas por serem mulheres. Digo pelo menos porque esses são os nomes que apareceram nos jornais, daquelas que viraram notícia.
Mariela Bustos, assassinada com vinte e duas facadas em Las Caleras, província de Córdoba. Marina Soledad da Silva, espancada e atirada num poço, em Nemesio Parma, província de Misiones. Zulma Brochero, de uma estocada na testa, e Arnulfa Ríos, de um tiro, ambas em Río Segundo, Córdoba. Paola Tomé, estrangulada, em Junín, província de Buenos Aires. Priscila Lafuente, espancada, meio queimada numa churrasqueira e atirada num córrego, em Berazategui, Grande Buenos Aires. Carolina Arcos, de uma pancada na cabeça, numa construção, em Rafaela, província de Santa Fe. Nanci Molina, esfaqueada, em Presidencia de la Plaza, província do Chaco. Luciana Rodríguez, espancada, em Mendoza, capital. Querlinda Vásquez, estrangulada, em Las Heras, província de Santa Cruz.
    Estamos no verão e faz calor, quase tanto quanto naquela manhã de 16 de novembro de 1986, quando, de certo modo, este livro começou a ser escrito, quando a garota morta atravessou meu caminho. Agora estou com quarenta anos e, diferentemente dela e dos milhares de mulheres assassinadas em nosso país de lá para cá, continuo viva. Apenas uma questão de sorte.

Ontem me despedi da Senhora. O maço de tarô estava sobre o pano verde, como sempre, mas não o embaralhamos, não girei as cartas com a mão direita, não fiz perguntas. Ela me disse que já é hora de largar, que não é bom andar muito tempo vagando de um lado para outro, da vida para a morte. Que as garotas devem voltar para o lugar a que agora pertencem.

Ela me disse isso pegando na minha mão por cima da mesinha que nos separava. Apertando-a, cada uma sentada no lugar que ocupamos em todos os encontros. Eu também apertei sua mão, e aí ela começou a me largar lentamente. Segurei um pouco, mais um momento, ainda podia sentir as garotas através dela. Olhou para mim. Ou elas me olharam, e compreendi e também comecei a largar.

Três velas brancas. Meu adeus às garotas.

Uma vela branca para Andrea. Uma vela branca para María Luisa. Uma vela branca para Sarita, e se Sarita estiver viva, e tomara que esteja, então essa vela é para aquela garota sem nome que apareceu há mais de vinte anos às margens do rio Ctalamochita. Um mesmo desejo para todas: que descansem.

No verão anterior ao assassinato de Andrea, passei as férias no campo, na casa dos meus avós. Era o último verão que eu passaria ali com minha tia Liliana, que estava prestes a se casar e mudar para a cidade, para sua casa nova. Uma tarde estávamos indo visitar a Teya, uma vizinha e confidente dela, uma mulher já com filhos adultos. Eram por volta de cinco quilômetros entre a chácara da Teya e a do meu avô. Naquele ano eu tinha dado uma espichada e já estava da altura da minha tia, que era baixinha. Caminhávamos devagar, apesar do sol de pelar. Íamos de braços dados. Eu sabia que minha tia já não seria a mesma depois de casar, que aquela intimidade que compartilhávamos desde que eu era pequena, e que tinha ficado mais estreita à medida que eu crescia, também não seria a mesma.

Daí em diante, ela viveria com um homem, seu marido. Nunca mais dormiríamos juntas nem poderíamos ficar até altas horas falando bobagens. Aquele passeio era especial.

Eu não disse nada disso a ela, porque não queria que ficássemos tristes. Mas acho que ela estava sentindo algo parecido. Aí me contou uma história que eu sempre tinha ouvido aos pedaços, como acontece com as crianças que escutam conversas que não devem. Não sei se me contou aquilo por acaso ou porque também para ela esse passeio pelo campo tinha sabor de despedida e queria me contar algo importante.

Alguns anos atrás, ela estava andando sozinha por essa mesma estradinha de terra. Também estava indo para a casa da Teya, na hora da sesta, para escutar rádio embaixo das árvores, tomar mate e fofocar. Na metade do caminho, do meio das lavouras na beira da estrada, apareceu o Tatu, um primo quarentão que já fazia tempo que a comia com os olhos. O Tatu era solteiro e nunca ninguém soube que tivesse uma namorada ou tivesse ido a um baile.

Ai, cara, que susto!, minha tia falou e foi seguindo seu caminho. Mas ele não respondeu nada e a segurou por um braço, agarrou com tanta força que parecia que ia arrancá-lo fora. Minha tia começou a puxar para se soltar, e aí ele a agarrou pelo outro braço. Por um instante, ficou tão perto que ela sentiu seu bafo de vinho e cigarro. Tinha os olhos feito dois tições em brasa. Começou a arrastá-la. Queria levá-la para o fundo do milharal.

Pensei que, se ele me carregasse para o milharal, primeiro ia me estuprar e depois me matar, ela me disse com a voz trêmula. Certeza que me matava.

O Tatu era um homem forte, mas também estava bêbado e tonto de excitação. Minha tia era miudinha. Ela nunca entendeu de onde tirou tamanha força para se safar das mãos rudes que prendiam seus braços. Mas conseguiu se soltar e lhe dar um empurrão que o fez cambalear no entulho da valeta seca. Correu tanto que pensou que ia rebentar, como os cavalos.

Nunca tive tanto medo e nunca tive tanta coragem como dessa vez, disse.

Seus olhos brilhavam, mas talvez fosse o sol, tão forte que desenhava miragens ao longe.

Depois meu avô deu uma surra no Tatu, e ele nunca mais voltou a se engraçar com minha tia, e tomara que com nenhuma outra moça.

Seguimos caminhando, mais apertadas uma contra a outra, os braços pegajosos por causa do calor.

O vento norte esfregava entre si as folhas ásperas dos pés de milho, fazia vibrar os talos maduros, tirando um som ameaçador que, apurando o ouvido, também podia ser a música de uma pequena vitória.

Buenos Aires, 30 de janeiro de 2014.

Agradecimentos

A Silvia Promeslavsky, por ser minha baqueana na *zona indefinida*.

Aos familiares e amigos de Andrea, María Luisa e Sarita que prestaram seu testemunho para o livro.

À juíza Cristina Calveyra, aos juízes Oscar Sudría e Mariano Miño, e ao promotor Rodolfo Lineras.

A Mary Amaya e Mónica Fornero, da Asociación Verdad Real, Justicia Para Todos.

Aos jornalistas María Dora Flores, Gustavo Saldaña e Sergio Vaudagnotto.

Ao Fondo Nacional de las Artes.

Chicas muertas © Selva Almada, 2014 c/o Agencia Literaria CBQ, SL – info@agencialiterariacbq.com
Todos os direitos desta edição reservados à Todavia.

Grafia atualizada segundo o Acordo Ortográfico da Língua Portuguesa de 1990, que entrou em vigor no Brasil em 2009.

capa
Julia Masagão
imagem de capa
Lina Kim
preparação
Silvia Massimini Felix
revisão
Jane Pessoa
Ana Alvares
composição
Jussara Fino

1ª reimpressão, 2018

Dados Internacionais de Catalogação na Publicação (CIP)
— —
Almada, Selva (1973-)
Garotas mortas: Selva Almada
Título original: *Chicas muertas*
Tradução: Sérgio Molina
São Paulo: Todavia, 1ª ed., 2018
128 páginas

ISBN 978-85-93828-74-4

1. Literatura argentina 2. Não ficção
3. Violência contra a mulher I. Título

CDD 868.9932
— —
Índices para catálogo sistemático:
1. Literatura argentina: não ficção 868.9932

todavia
Rua Luís Anhaia, 44
05433.020 São Paulo SP
T. 55 11. 3094 0500
www.todavialivros.com.br

fonte
Register*
papel
Munken print cream
80 g/m²
impressão
Geográfica